# Introdução às Ciências Policiais

A POLÍCIA ENTRE CIÊNCIA E POLÍTICA

**2019**
**2ª Edição**

Eliomar da Silva Pereira

INTRODUÇÃO ÀS CIÊNCIAS POLICIAIS
A POLÍCIA ENTRE CIÊNCIA E POLÍTICA 2. ED.
© Almedina, 2019

Autor: Eliomar da Silva Pereira
DIAGRAMAÇÃO: Almedina
DESIGN DE CAPA: FBA
ISBN: 9788584934768

Dados Internacionais de Catalogação na Publicação (CIP)
(Câmara Brasileira do Livro, SP, Brasil)

---

Pereira, Eliomar da Silva
Introdução às ciências policiais : a polícia entre ciência e política / Eliomar da Silva Pereira. -- 2. ed. -- São Paulo : Almedina, 2019.

Bibliografia.
ISBN 978-85-8493-476-8

1. Ciências policiais 2. Direito administrativo 3. Polícia - Aspectos sociais 4. Política criminal I. Título.

19-24580     CDU-355.511.6

---

Índices para catálogo sistemático:

1. Ciências policiais : Direito administrativo  355.511.6

Maria Paula C. Riyuzo - Bibliotecária - CRB-8/7639

Este livro segue as regras do novo Acordo Ortográfico da Língua Portuguesa (1990).

Todos os direitos reservados. Nenhuma parte deste livro, protegido por copyright, pode ser reproduzida, armazenada ou transmitida de alguma forma ou por algum meio, seja eletrônico ou mecânico, inclusive fotocópia, gravação ou qualquer sistema de armazenagem de informações, sem a permissão expressa e por escrito da editora.

Março, 2019

EDITORA: Almedina Brasil
Rua José Maria Lisboa, 860, Conj.131 e 132, Jardim Paulista | 01423-001 São Paulo | Brasil
editora@almedina.com.br
www.almedina.com.br

# PREFÁCIO À 2ª EDIÇÃO

A considerar que a comunidade científica policial no Brasil é ainda incipiente, não esperava que a primeira edição de nossa *Introdução às Ciências Policiais* se esgotasse em pouco tempo, mas fico imensamente grato pelo acolhimento que a obra teve no meio acadêmico mesmo fora da Escola Superior de Polícia. Em razão disso, senti-me incentivado a fazer alguns acréscimos e revisão que mereçam a publicação a título efetivo de 2ª edição, em lugar de uma mera reimpressão. Em especial, acresci desde logo na introdução uma explicação sobre a *necessária proporcionalidade da atividade policial*, para que o aluno possa entender melhor a relação que existe entre *ciência policial* e *direito policial*, reafirmando a necessidade de desenvolver soluções científicas orientadas por princípios jurídicos de um Estado de Direito. Procedi, ainda, a uma melhor divisão dos capítulos, concentrando-os em três partes, dividindo o antigo último capítulo em dois, que foram intermediados por um novo capítulo, exclusivamente dedicado à *construção do problema policial*, que consideramos o núcleo fundamental da ciência policial. É importante a esse respeito que o aluno tenha em conta os princípios inicialmente enunciados na introdução, pois os retomamos no capítulo 11, explicando-os melhor na compreensão da solução aos problemas policiais. Espero que essa nova edição continue a agradar o leitor e possa orientar os alunos de cursos de formação e de especialização policiais na compreensão dos seus problemas cotidianos e na busca por estabelecer soluções cada vez mais racionais, contribuindo assim para a construção de um mundo melhor.

Brasília,
**O Autor**

# PREFÁCIO À 1ª EDIÇÃO

Prefaciar uma obra como a *Introdução às Ciências Policiais: A Polícia entre Ciência e Política* é um elevado desafio e grande responsabilidade, que se amplia e aprofunda quando é escrita por um Autor como Eliomar da Silva Pereira. A sua carreira académica é, cada vez mais, de extrema importância para a Escola Superior de Polícia da Academia Nacional de Polícia – Polícia Federal e ganha uma maior relevância quando o Autor se propõe publicar um estudo que vai ser sujeito à crítica científica, em especial dos conservadores e dos céticos. Os conservadores, por não olharem para a ciência como um ser vivo em evolução, e os céticos, por preferirem olhar para o infinito incerto do que um finito certo subsumível à discussão e ao melhoramento da vida em comunidade: a falibilidade da vida.

Mas aqueles que anseiam por um lugar no espaço da ciência só têm um caminho: submeter-se à crítica ou com ideia novas ou com um debate crítico de outras ideias novas de outros Autores. Caminho que Eliomar da Silva Pereira há muito vem traçando e assumindo como seu percurso de crescimento académico-científico. Seguindo ou baseando-se em vários Autores, que apresentam à ciência novas ideias ou novos caminhos para melhor compreender a sociedade e o Ser Humano de um tempo e de um espaço, dialoga com esses Autores e desse diálogo apresenta as suas posições. A coragem e a determinação de Eliomar da Silva Pereira merecem, desde logo, o nosso aplauso e apoio pessoal e institucional.

O livro *Introdução às Ciências Policiais: A Polícia entre Ciência e Política* é uma obra importante para a academia e para a sociedade. A academia ganha uma obra que explica o 'nascimento' e o desenvolvimento das ciências policiais ao longo dos tempos, alertando que o novo rosto das ciências policiais assenta em uma ideia de ciência do Estado democrático de direito e em nada se assemelha à ideia *kameralista* do séc. XVIII, ciência de Estado da 'era' de von Justi. A sociedade ganha uma obra que lhe mostra a importância das *ciências policiais* para ter uma Polícia melhor e uma Polícia ao serviço do povo e da democracia: uma nova polícia. Essa importância aumenta quando o Autor apresenta a Polícia como objeto de estudo e de conhecimento – *policiologia* – e a Polícia como sujeito de conhecimento – que se afirma na *atividade diária produzida* no seio da esfera vivencial do Ser Humano, melhor, na atividade que se consuma nas relações jurídicas produzidas de momento (jurídico-administrativas e jurídico-criminais) da intersubjetividade comunicativa humana.

Destacamos várias vantagens desta obra. Uma das vantagens é a viagem que o Autor faz ao pensamento de vários autores que olham para o objeto da ciência de forma diferente: uns centralizam esse objeto no plano formal – no ente policial (ser policial) – outros centram o objeto na atividade da polícia que absorve o ser polícia ou o ente polícia. Outra vantagem é ser viagem que atravessa várias áreas científicas: ciências jurídicas, sociologia, ciência política, filosofia e história (das instituições). Outra vantagem é uma obra que colhe os pensamentos europeus – Alemanha e Portugal – com os sul-americanos – Brasil, Argentina e Colômbia – países, em que se destacam vários autores com estudos sobre a ciência policial. Podemos dizer que é uma obra que nos dá a conhecer pensares e nos abre os horizontes para uma ciência que há muito existe e é debatida e estudada, que ganha força pela sua interdisciplinaridade e multidisciplinaridade.

Acresce que o Autor faz, ainda, uma análise evolutiva de instituições que assumiram, assumem e promovem as *ciências policiais* como seu objeto científico universitário: a Escola Superior de Polícia e atual Instituto Superior de Ciências Policiais e Segurança Interna e a Escola Superior de Polícia da Academia Nacional de Polícia Federal. Sem dúvida que a primeira instituição apresentasse a nível planetário como aquela instituição que assumiu o primeiro desafio científico – assume-se como a abrir o "caminho marítimo" para a descoberta, desenvolvimento e afirmação das ciências policiais no seio da vida académica universitária, conquanto a segunda afirma-se como uma instituição de ensino superior brasileira que pretende (e anseia por) estar ao leme da afirmação das ciências policiais no Brasil, sabendo que ouras que outras e instituições de ensino no Brasil e na América Latina têm um estudo mais aprofundado e uma cimentação maior das ciências policiais. Esta obra, pertença de um Autor que se encontra na Escola Superior de Polícia da Academia Nacional de Polícia Federal, é o exemplo desse desiderato.

Podemos dizer que estamos perante uma obra fundamental para o estudo das Ciências Policiais em todos os países que a incluem como ciência universitária: todos os países da Europa, vários países da América (em especial a Latina) e todos os países da Lusofonia. Aconselhamos a todos os que anseiam por uma Polícia melhor a leitura desta obra e ao seu estudo crítico de modo a contribuirmos para uma melhor ciência que tem como epicentro o Ser Humano.

Resta-me uma palavra de gratidão ao Autor pelo convite e pela confiança depositada na minha pessoa para prefaciar uma obra de tão elevada qualidade, que preferi não analisar ponto a ponto, mas antes a apresentar de leve aos nossos leitores e estudiosos e, assim, encaminhá-los para uma leitura e um estudo que vos permita ver como *a mesma* engrandece o meu prefácio.

Portugal – Pinhal Novo.

**Manuel Monteiro Guedes Valente**
*Doutor em Direito, Professor da Universidade Autónoma de Lisboa*
*Professor Convidado da Academia Nacional de Polícia (Polícia Federal, Brasil)*
*Professor Convidado do Curso de Mestrado e Doutorado em Ciências Criminais da Pontifícia Universidade Católica do Rio Grande do Sul (Brasil)*

## SUMÁRIO

Prefácio à 2ª Edição .................................................................................................. 5
Prefácio à 1ª Edição .................................................................................................. 7

**1. Introdução: os Fins e os Meios da Polícia** ...................................................... 15
1. A Polícia, entre Ciência e Política: o Lugar do Direito ................................... 15
2. A Necessária Proporcionalidade da Atividade Policial ................................. 16
3. Os Princípios da Ciência Policial ........................................................................ 18

### PARTE 1
### A CIÊNCIA POLICIAL E SEUS CONCEITOS FUNDAMENTAIS

**2. Os Conhecimentos da Polícia** .......................................................................... 21
1. As Perspectivas "de Fora" e "de Dentro" da Polícia ...................................... 21
2. A Polícia como Sujeito, não Apenas como Objeto de Conhecimento ....... 22
3. É Possível uma Ciência Policial? Questões Preliminares sobre as Ciências Sociais ... 25
4. Afinidades entre Ciências, Interseções e Tangenciamentos. Ciências Policiais por quê? ................................................................................................. 27

**3. Os Conceitos de Polícia** .................................................................................... 33
1. A Polícia: Abordagem Semântica e Significados Históricos ........................ 33
2. Sentidos e Dimensões da Polícia ...................................................................... 36
   2.1. Polícia como Atividade, Poder de Polícia e Polícia como Órgão Público ...... 36
   2.2. Dimensões da Polícia: Instituição, Organização e Profissão ................. 38
3. Tipologia Policial: Espécies de Polícia .............................................................. 42
   3.1. Tipologia Segundo a Lógica do Estado de Direito ................................... 45
   3.2. A Polícia Judiciária como Função Essencial à Justiça ............................. 46

## 4. Os Conceitos de Ciência ........................................................... 49

1. Ciência: o Conhecimento Garantido .......................................... 49
   1.1. A Lógica da Pesquisa Científica ........................................... 51
   1.2. A Pragmática da Investigação Científica ............................. 54
2. Ciência como Atividade Humana ............................................... 57
3. Ciência como Solução de Problemas ......................................... 59

## PARTE 2
## OS DISCURSOS TEÓRICOS DAS CIÊNCIAS POLICIAIS

## 5. A Origem Teórica das Ciências Policiais ................................. 63

1. A Ciência Policial de J. H. G. von Justi ....................................... 63
2. Cameralismo e Estado de Polícia nas Bases do Pensamento de von Justi ............ 64
3. Os Elementos Gerais de Polícia como Ciência do Estado ....................... 67

## 6. A Continuidade Teórica das Ciências Policiais ......................... 73

1. A Ciência Policial de Enrique Fentanes ...................................... 73
2. A Base Teórico-Institucional do Pensamento de Fentanes ................. 74
3. Componentes Institucionais e Metodologia Proposta por Fentanes ..... 76
4. Disciplinas da Ciência Policial e Matéria de Polícia Judiciária ........... 78

## 7. As Ciências Policiais na Colômbia ........................................... 81

1. As Instituições Acadêmicas da Polícia Nacional ............................ 81
2. O *Derecho de Policía* de Miguel L. Pizarro ................................. 82
3. Outros Pensadores da Ciência Policial na Colômbia ...................... 85
4. A *Ciencia de Policía* de Jairo E. S. Alvarez ................................. 86
   4.1. Ciência Policial, Problemas Humanos e Convivência ............. 88
   4.2. O Conhecimento Policial, Níveis e Disciplinas Afins ............. 89
   4.3. Princípios Metodológicos da Ciência Policial ...................... 92

## 8. As Ciências Policiais em Portugal ............................................ 93

1. O Instituto Superior de Ciências Policiais e Segurança Interna ....... 93
2. O Pensamento de Manuel M. G. Valente ...................................... 94
   2.1. O Direito Policial: a Perspectiva Jurídica .............................. 96
   2.2. A Cientificididade como Garante de Direitos ....................... 97
   2.3. A Questão Epistemológica ................................................. 98

**9. As Ciências Policiais na Polícia Federal do Brasil** ................................................. 101

1. Instituição de uma Comunidade Científica: a Escola Superior de Polícia .......... 101
2. Marcos e Elementos Institucionais ................................................................ 102
   2.1. Os Seminários Internacionais de Ciências Policiais ........................................ 103
   2.2. O Programa de Pós-Graduação em Ciências Policiais ................................... 105
   2.3. A Revista Brasileira de Ciências Policiais e Outras Publicações ................... 107
   2.4. O Programa de Pesquisa Policial .................................................................. 108
3. Pressupostos, Objetivos e Bases Teóricas ........................................................... 109

## PARTE 3
## A (RE)CONSTRUÇÃO DAS CIÊNCIAS POLICIAIS

**10. As Bases Sócio-Culturais da Construção** ............................................................. 115

1. O Paradigma Acionista. Sociologia da Ação e Investigação-Ação ...................... 117
2. Programa de Pesquisa. Regras Metodológicas Positivas e Negativas ................. 121
3. Tradição de Pesquisa. Objetos e Métodos ........................................................... 124

**11. A Construção do Problema Policial** ................................................................... 127

1. A Ciência Policial como Solução de Problemas .................................................. 127
2. O Problema Policial como Construção Científica ............................................... 129
3. A Solução do Problema Considerada Tridimensionalmente .............................. 132
4. Princípios Metodológicos de Ciência Policial ..................................................... 134

**12. Conclusão: Ética e Valores Não-Epistêmicos** ..................................................... 137

1. Realismo ou Instrumentalismo? A Racionalidade das Ciências Policiais ........... 139
2. Que Método? Um Método de Quatro Tempos .................................................... 144
3. A Questão do Estágio das Ciências Policiais ....................................................... 146
4. E se não for Possível uma Ciência Policial? ........................................................ 147

Anexo ......................................................................................................................... 149
Referências ................................................................................................................. 153

# 1. Introdução: os Fins e os Meios da Polícia

> *"Os limites impostos a qualquer liberdade são sempre problemáticos e uma questão de experiência"*
>
> (Popper, *A vida é aprendizagem*)

## 1. A Polícia, entre Ciência e Política: o Lugar do Direito

A Polícia se encontra, frequentemente, entre Ciência e Política, podendo manter-se equidistante de ambas em sua atividade cotidiana, mas uma Ciência Policial não se compreende à revelia de uma Política Criminal.

O postulado positivista de ciência que pretendia alhear o conhecimento racional de toda questão axiológica é um mito que não se pode realizar nem mesmo nas ciências naturais. No entanto, é ainda essencial ao conhecimento científico que ele tenha base em elementos não tanto verificáveis, mas sobretudo refutáveis para que se possam submeter ao controle público do conhecimento. A objetividade da ciência não reside em uma suposta objetividade do objeto, mas na objetividade do método que nos permite discutir intersubjetivamente em que sentido uma ciência está bem assentada. Isto não significa que devemos abdicar de valores não-epistêmicos e postular um afastamento completo dos valores. Nem mesmo no âmbito das ciências naturais se pode sustentar essa assepsia axiológica. Como exigir, então, que a Ciência Policial esteja descomprometida com os valores de uma Política Criminal?

O grande erro de certas concepções científicas é acreditar que uma ciência somente é possível se nos alhearmos em absoluto das questões ético-políticas, como a acreditar que precisamos nos retirar do mundo, que precisamos nos despir de nossa condição humana de sujeitos imersos no mundo, para somente então sermos capazes de desenvolver conhecimento científico. O pior é acreditar que isto seja realmente possível, que conseguimos nos retirar do mundo para então conhecê-lo. Esta concepção alienista da ciência não apenas é impossível como é mesmo indesejável. Isto seria, de fato, desastroso para a Ciência Policial.

O desenvolvimento de uma razão teórico-policial não se compreende senão como desenvolvimento no sentido de uma razão prático-policial. E entre uma e outra se encontra o problema tipicamente policial que deve ser a ponte de comunicação entre teoria e prática. O conhecimento teórico-policial é necessariamente um conhecimento para a ação policial, e esta não se pode compreender fora de um quadro de princípios ético-políticos que se concretizam em *princípios jurídicos*, como garantias de direitos humanos e fundamentais, em um *direito policial*. Estes princípios devem estar na base de orientação da Ciência Policial sob pena de o conhecimento teórico-policial desenvolver-se no sentido de um aperfeiçoamento tecnológico apenas voltado à dominação do homem pelo poder e não voltado à sua libertação.

## 2. A Necessária Proporcionalidade da Atividade Policial

Quando entendemos que, assim como o Direito, na civilização ocidental, a Ciência se desenvolve na linha de uma maior expansão da liberdade humana (Ferris, 2013), pode-se compreender que o discurso jurídico da proporcionalidade desenvolvido no âmbito da atividade policial corresponde precisamente ao que se pede à racionalidade científica policial[1]. Assim, no juízo de proporcionalidade dos atos policiais, devemos sempre compreender *adequação, necessidade* e *proporcionalidade em sentido estrito* como um esforço humano que tenta encontrar a melhor solução possível, não apenas científica, mas sobretudo política.

A proporcionalidade, nesse sentido, não se pode compreender apenas como um princípio jurídico, mas sim como um postulado que permanece em aberto para uma análise fática das relações efetivas entre fins e meios, visando a permitir interpretações e aplicações de princípios e regras (Ávila, 2006, p. 168): ela emerge sempre que exista "uma relação de casualidade

---

[1] Cf. a respeito nosso "Polícia e Direitos Humanos: critérios racionais de ação" (Pereira, 2011, pp. 1185-1213)

entre um meio e um fim concretamente perceptível", o que se encontra em toda solução científica aos problemas da atividade policial. Sempre, em alguma medida ou situação, haverá uma relação entre fins e meios na atividade policial, que implica uma redução do âmbito de proteção de direitos fundamentais.

É da essência da função policial esse relacionamento, ainda que de forma geral, pois todos os fins a que está preordenada a Polícia devem ser orientados por meios admissíveis, mas de tal forma que não se ponha em evidência apenas os fins, em detrimento dos meios, para que não se caia naquele lugar comum do argumento de que "os fins justificam os meios". Na atividade policial, pela relevância que têm todos os interesses em jogo (em síntese, segurança pública da coletividade e direitos fundamentais dos indivíduos), sem desconsiderar a importância dos fins pretendidos, *são os meios que justificam os fins*, na medida em que se justificam recíproca e proporcionalmente; dito de forma diversa, são os meios dispostos e bem utilizados que irão legitimar os fins pretendidos, pois nestes fins de segurança e manutenção da ordem em favor dos direitos humanos, também se inclui a menor restrição necessária de outros interesses, já que nestes também se encontram iguais direitos humanos. Assim, havendo uma relação entre fins e meios, o que é pressuposto para a aplicação da proporcionalidade, deve-se então se proceder à análise de seus elementos constitutivos, quais sejam: a adequação, a necessidade e a proporcionalidade em sentido estrito. O policial, que queira resolver seus problemas funcionais, ainda que cientificamente orientado, observará que sempre terá essas questões a enfrentar juridicamente.

A *adequação* exige uma relação empírica entre o fim e o meio, devendo este contribuir efetivamente para alcançar o objetivo propugnado. É um juízo primário imprescindível que impede à ação policial utilizar-se da força sem qualquer benefício para solução do problema. A questão é que, considerada apenas cientificamente, essa adequação pode nos conduzir a soluções qualitativa ou quantitativamente eficientes, sem levar em conta a possibilidade de outros meios igualmente possíveis, que se podem compreender cientificamente como uma exigência de maior esforço racional por soluções mais adequadas juridicamente. A *necessidade*, portanto, exige-nos um segundo juízo de verificação de meios alternativos que possam promover o fim pretendido, com a mesma intensidade, mas afetando o menos possível os direitos humanos fundamentais, ou seja, exige-se a utilização do melhor meio. O melhor meio, contudo, somente pode ser designado a partir de um outro critério material, a depender da circunstância, podendo ser o mais barato, o mais rápido, o mais seguro, ou todos juntos. Mas se houver algum meio que promova o fim com menor restrição de direitos fundamentais, esse terá sempre prioridade em um Estado de Direito. É, por isso, que em um terceiro juízo, pede-se uma *proporcionalidade em sentido estrito*, que "exige a comparação entre a importância da realização do fim e a intensidade da restrição aos direitos fundamentais" (Ávila, 2006, 160); em síntese, deve-se observar se as vantagens obtidas pelo meio eleito são proporcionais às desvantagens causadas aos direitos ofendidos. É nesse ponto que se costuma recorrer a postulados da *proibição de excesso* ou da *razoabilidade* para compor o juízo completo da proporcionalidade.

Essa compreensão jurídico-política da proporcionalidade dos atos de polícia nos permite, assim, postular alguns princípios metodológicos de progresso da Ciência Policial em um Estado de Direito.

## 3. Os Princípios da Ciência Policial

A Ciência Policial se deve orientar, portanto, pelo princípio da *(i) redução do uso da força física* com vistas a obter o *(ii) aumento do âmbito de proteção de direitos fundamentais do homem*. O primeiro se refere aos meios da Polícia; o segundo, aos seus fins. É apenas nesse sentido que podemos alcançar o aperfeiçoamento de uma Ciência Policial. E é com este espírito que escrevemos esta breve introdução, na qual pretendemos colher elementos conceituais, históricos e teóricos essenciais à necessária (re)construção das ciências policiais nos Estados (contemporâneos) de Direito que postulam alcançar um estado de justiça, em busca de um mundo melhor[2].

---

[2] *Em busca de um mundo melhor* é uma conferência proferida por Karl Popper em 1982, cujo título posteriormente foi adotado em uma coletânea publicada em 1988 e na qual se encontra a advertência de que "uma parte importante da nossa procura de um mundo melhor deve ser a procura de um mundo em que os outros não necessitem de sacrificar a sua vida, involuntariamente, por uma ideia".

# PARTE 1
# A CIÊNCIA POLICIAL E SEUS CONCEITOS FUNDAMENTAIS

# 2. Os Conhecimentos da Polícia

> *"A distinção entre as várias ciências sociais só pode provir das próprias ciências sociais, e não pode ter outro significado que não seja o de cada uma dessas disciplinas encarar, abordar, analisar de uma forma diferente aquela mesma realidade"*
>
> (Sedas Nunes)

## 1. As Perspectivas "de Fora" e "de Dentro" da Polícia

O conhecimento da Polícia se pode considerar sob duas perspectivas, conforme a pesquisa científica seja originada *a partir de pessoas de fora da instituição (i)*, ou *a partir de dentro da instituição policial (ii)*. Essa é uma distinção que nos sugere Egon Bitnner (2003, p. 170ss) ao tratar das *relações do trabalho policial com o conhecimento científico*, para concluir expressamente que "as pessoas de fora podem ajudar nessa tarefa, mas não podem tomá-la para si". A principal razão que apresenta para essa posição, explica-se o autor, "não é o fato de pessoas de fora não terem informações suficientes", como se costuma erroneamente argumentar. A questão fundamental é que "o conhecimento adquirido através de fontes externas pode deixar o trabalho policial intelectualmente inerte". É nesse contexto que podemos situar boa parte dos estudos sobre a Polícia realizados no Brasil, em torno do tema "segurança pública", por instituições orientadas pelos cientistas sociais. A respeito disso, Egon Bittner nos adverte que "a definição do papel da polícia na sociedade moderna mostrada nas observações apresentadas [pelas pessoas de fora], mesmo apelando para os cientistas sociais, não terá nenhum valor prático a não ser que ela seja reconhecida pelos que desempenham tal papel e seja por eles mais elaborada, segundo a máxima de seus métodos". Por este motivo, entre outros, é que Egon Bittner insiste na necessária pesquisa policial por *pessoas de dentro* da instituição. E não adianta, para tanto, adverte ele, que as instituições policiais comprem seu lugar nas universidades, como em geral tem acontecido com a contratação de cursos por encomenda. É preciso que a polícia assuma seu lugar na construção das relações entre trabalho policial e conhecimento científico.

Qual a razão que nos oferece Egon Bittner a respeito dessa orientação sua? O autor chega a essa conclusão "justamente por estar convencido de que a pesquisa sobre a polícia é um trabalho da polícia, pelo menos na medida em que a pesquisa médica é um trabalho dos médicos e a pesquisa educacional é um trabalho dos educadores" (Bittner, 2002, p. 293ss). Essa é uma abordagem que ele nos faz com base na realidade da polícia norte-americana situada nos anos 60. No entanto, é relevante sua consideração na medida em que nos permite compreender uma realidade ainda atual no Brasil, quando nos pomos a observar o conhecimento policial limitados à discussão em torno do tema "segurança pública", geralmente conduzido a partir do discurso das ciências sociais, desde uma perspectiva externa que exclui do debate teórico-científico os principais autores da atividade policial. Em suma, ignora-se tudo quanto se tem produzido pelas instituições policiais, desconstrói-se todo o arcabouço teórico da policia, desnuda-se a ideologia subjacente e começa-se de um marco zero. Mas essas instituições científicas externas não oferecem uma melhor solução para os problemas policiais imediatos que requerem a atuação da Polícia no dia seguinte após a total desconstrução do discurso vigente. É nesse vazio deixado que entra a Ciência Policial.

## 2. A Polícia como Sujeito, não Apenas como Objeto de Conhecimento

Daí ser necessário aprofundar a questão com base em outra abordagem, segundo outro critério, que ponha em perspectivas distintas não as pesquisas realizadas por pessoas "de fora" ou por pessoas "de dentro" da instituição policial, mas que compreenda uma distinção mais fundamental: a que distingue, nos conhecimentos da polícia, duas ordens de questões, conforme se vislumbrem os *a polícia como objeto (i)* ou *a polícia como sujeito de conhecimento (ii)*. É somente com base nesse critério que podemos avançar para entender a Ciência Policial e distingui-la do que podemos chamar de *Policiologia*.

Na *Policiologia*, seja a pesquisa realizada por pessoas "de fora" ou "de dentro", a polícia aparece como objeto de conhecimento, sob todos e variados aspectos que possam interessar à compreensão da instituição, organização e profissão policiais. Nesse âmbito de questões, cremos ser possível falar em uma *teoria geral da polícia* que congregue o saber de ciências sociais – como antropologia, história, sociologia, política e direito –, dirigido ao conhecimento da polícia como objeto. Assim, podemos falar também de *teorias particulares*, destinadas a analisar o *sistema policial* de determinado país, sobretudo em sua relação com o Estado e a Sociedade Civil. Nesse âmbito, ainda, podemos situar o estudo do *regime jurídico* de certas e determinadas polícias de algum sistema policial, como por exemplo um estudo sobre a Polícia Federal do Brasil, sobre a Polícia Civil de algum Estado-membro ou sobre a Polícia de algum Estado estrangeiro. Trata-se de ordem de questões que deve sempre interessar ao conhecimento não apenas pela sociedade, mas também e sobretudo pela Polícia. É um caminho necessário como forma de auto-conhecimento, que se não deve abandonar, mas requer seja entendido como estudo que tem a polícia como objeto, e como tal permanece, sem resposta às questões que concernem ao trabalho da polícia, em sua atividade cotidiana. Nesse âmbito, podemos encontrar, no Brasil, a *Coleção Polícia e Sociedade*, idealizada pelo Núcleo de Estudos da Violência (NEV) da Universidade de São Paulo e publicados pela sua editora (EDUSP)[3]. Essa coleção tem grande relevância e ainda persiste sendo de leitura obrigatória para todos quantos desejem adquirir uma cultura de formação policial.

A *Ciência Policial*, por sua vez, refere-se a outra ordem de questões, relativas a pesquisas em um âmbito no qual a Polícia aparece como sujeito de um conhecimento que lhe é peculiar, decorrente das suas atividades típicas e dos problemas que estão fora da discussão das ciências em geral.

---

[3] A *Coleção Polícia e Sociedade* da Edusp (http://www.edusp.com.br), com algumas pré-visualizações quase completas disponíveis na internet, tem os seguintes títulos: *1. Padrões de Policiamento: Uma Análise Comparativa Internacional (David H. Bayley); 2. Nova Polícia: Inovações nas Polícias de Seis Cidades Norte-americanas (Jerome H. Skolnick, Davi H. Bayley); 3. Polícias e Sociedade na Europa (Jean-Claude Monet); 4. Como Reconhecer um Bom Policiamento: Problemas e Temas (Jean-Paul Broder); 5. Administração do Trabalho Policial: Questões e Análises (Jack R. Greene); 6. Policiamento Comunitário: Questões e Práticas através do Mundo (Jerome H. Skolnick, Davi H. Bayley); 7. Policiamento Moderno (Michael Tonry, Norval Morris); 8. Aspectos do trabalho Policial (Egon Bittner); 9. Policiando uma Sociedade Livre (Herman Goldstein); 10. O que Faz a Polícia: Sociologia da Força Pública (Dominique Monjardet); 11. A Política da Polícia (Robert Reiner).*

Nesse caso, tendemos a falar mais em *Ciências Policiais*, no plural, como conjunto de conhecimentos gerados pela Polícia, a respeito de seu trabalho cotidiano. A base desses conhecimentos se pode encontrar tanto nos cursos de formação policial, quanto no cotidiano da atividade policial. Dois pontos, contudo, interessam aqui. Primeiro, deve-se admitir que nem todo conhecimento policial representa uma ciência, e talvez sequer possa um dia representá-la, estando mais no campo da técnica e do saber empírico, ainda a exigir grande empenho na formação de uma ciência policial; segundo, deve-se reconhecer que, mesmo ao construir ciência a respeito de seu saber, a polícia tende a colher de outras ciências fundamentos e princípios aplicáveis aos seus problemas. Isso não quer dizer que as Ciências Policiais se devam limitar à aplicação de outras ciências. Sobretudo, não se deve imaginar que a única ciência de que se trata é a natural. Ciências naturais e sociais, teóricas e aplicadas, podem se encontrar no conjunto das Ciências Policiais, embora cada uma dessas formas se possa encontrar em parcelas diversas. Em todo caso, devemos estar cientes, sobretudo, de que, ao falar em Ciências Policiais, estamos mais a propugnar a construção de um saber em fundamentos mais rigorosos, que propriamente a constatar a existência de um saber consolidado em termos científicos. Isto é verdade sobretudo no Brasil, especialmente no que se refere às atividades das Polícias Judiciárias. Este saber a construir-se, segundo propugnamos, estará mais situado no âmbito de uma ciência social teórica, tendo nesta o fundamental de seu conteúdo, embora deva aproveitar-se de conhecimentos teóricos de outras ciências sociais e naturais, sem descartar ainda a possibilidade de em seu âmbito surgirem conhecimentos teóricos relevantes às ciências naturais. Embora as distinções entre ciências sociais e naturais ou entre ciências teóricas e aplicadas venham sendo questionadas[4], elas nos permitem uma visão relevante à compreensão das Ciências Policiais. Nesse sentido, considere-se o círculo da figura 1 como o conjunto de conhecimentos policiais.

---

[4] Nesse sentido, cf. Sousa Santos (2007) que nos adverte sobre um *paradigma emergente* da ciência, com base no qual sustenta algumas hipóteses, entre as quais que "todo o conhecimento científico-natural é científico-social" e que "todo o conhecimento científico visa a constituir-se em senso comum".

## Figura 1.

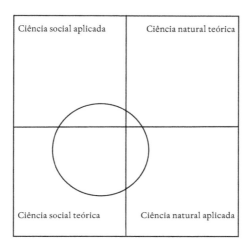

## 3. É Possível uma Ciência Policial? Questões Preliminares sobre as Ciências Sociais

Considerando o enquadramento que damos à Ciência Policial, como forma de ciência social teórica, antes de tudo deve-se questionar se ela é mesmo possível nesses termos. E em sendo possível, se é de fato necessária. Nesse sentido, algumas questões precisam ser esclarecidas, o que fazemos com base em Sedas Nunes (1977). O que se segue é uma exposição sucinta de seu pensamento exposto em *Questões preliminares sobre as ciências sociais*.

Segundo Sedas Nunes, há uma *unidade da realidade social* embora exista uma *pluralidade de ciências sociais*. O que as distingue não é o se ocuparem de diferentes fenômenos. A distinção que existe provém das próprias ciências, das diversas formas de abordar a realidade. Cada ciência social adota em relação à mesma realidade uma ótica de análise diferente. Sedas Nunes (1977, p. 26) propõe que se distingam as diversas ciências sociais a partir de quatro níveis:

a) Os "*fins ou objetivos* que comandam a investigação", que revelam o interesse dos investigadores ao analisarem, explicarem e compreenderem a realidade – nesse ponto, não podemos ter dúvidas de que

os objetivos perseguidos pelas instituições policiais são bem mais pontuais que as demais instituições, considerando que a Polícia busca a solução do problema em que se insere a atividade policial: há um problema que é tipicamente policial;
b) A *natureza* dos *problemas de investigação* que são definidos pelos investigadores como objeto de sua pesquisa – nesse ponto, as instituições policiais tendem a concentrar seus esforços em problemas mais práticos que teóricos, lidando mais com questões empíricas que conceituais, embora estes lhe sejam igualmente comuns. Sobretudo, o problema tende a ser perspectivado como *problema policial*, não social ou econômico, a exigir uma solução a curto e médio prazo, ainda que os setores da sociedade e da economia não o resolvam. Assim, embora se saiba que grande parte dos problemas policiais pode ser resolvida com investimentos em educação, trabalho e urbanismo, enquanto esses projetos sociais e econômicos não vêm à luz, a Polícia precisa enfrentar os problemas, perspectivá-los como problemas policiais e apresentar a melhor solução possível, dentro dos limites de disponibilidades que lhe são postos. Nesse ponto, é relevante ter em mente a *teoria das tarefas restantes* (Garrido *et al.*, 2006) que considera ser a Polícia responsável pela solução dos problemas que as demais instituições (família, escola, igreja etc.) não conseguiram resolver na origem e ainda não apresentaram solução imediata;
c) Os "critérios utilizados pelos investigadores" na seleção de variáveis relevantes para o estudo do problema – nesse ponto, as instituições policiais precisam estabelecer seus próprios critérios de pesquisa, identificar objetos quantificáveis, conforme sua relevância à solução dos problemas; é relevante, sobretudo, entender que não se trata de novos objetos, mas os mesmo que já são observados pelas demais ciências sociais, embora conceituados a partir do problema policial para o qual se pretende uma solução tipicamente policial;
d) Os *"métodos e técnicas* de pesquisa empírica e de interpretação teórica" que se consideram adequados pelos investigadores para trabalhar as variáveis selecionadas – por fim, nesse ponto, tendo como considerações os anteriores, os métodos e técnicas precisam atender ao programa de pesquisa necessário à consolidação dessa ciência específica.

No conjunto, em síntese, cada nível anterior conduz ao seguinte: pelo estabelecimento de seus fins e objetivos, determinam-se os problemas de pesquisa; pela determinação desses problemas, chega-se à seleção das variáveis relevantes para o estudo; e pela seleção dessas variáveis, conduz-se à adoção de métodos e técnicas apropriados. Por isso, entende-se que "a diferença essencial que, logicamente, condiciona ou determina todas as mais, diz respeito, como é obvio, aos diferentes *fins ou objetivos* prosseguidos pela pesquisa cientifica nas várias ciências sociais" (Sedas Nunes, 1997, p. 27). E é exatamente neste ponto que a Ciência Policial se pode distinguir das demais ciências sociais. O que, por fim, igualmente, justifica a necessidade de uma ciência específica. Em suma, uma ciência se torna necessária quando nenhuma outra atende a questionamentos emergentes de um âmbito específico de problemas. E a atividade policial tem constatado sistematicamente certos problemas para os quais nenhuma outra ciência lhe pode socorrer com conhecimentos adequados. Ignorar a necessidade de conhecimentos especificamente orientados à solução de certos problemas policiais é negar que certos setores possam ingressar no estágio científico da razão humana e devam manter-se exclusivamente no âmbito do discurso político.

## 4. Afinidades entre Ciências, Interseções e Tangenciamentos. Ciências Policiais por quê?

*A Ciência Policial pode ser entendida, preliminarmente, como conjunto de conhecimentos (que se pretendem verdadeiros e justificados) produzidos pelos sujeitos que compõem as instituições policiais, acerca das funções que desenvolvem em sua atividade cotidiana.* Nesse sentido, tende a abranger elementos diversos, que inclusive encontram desenvolvimento preliminar em outros conjuntos de ciências que interessam e aproveitam à atividade policial. Ademais, impõe-se admitir que, embora possamos distinguir entre estudos da Polícia como sujeito (Ciências Policiais) e da Polícia como objeto (Policiologia), estes devem entrar no conjunto amplo de conhecimentos da Polícia. Nesse sentido, a Policiologia pode figurar como propedêutica das Ciências Policiais, a título de autoconhecimento da instituição e organização policiais, antes que se discuta o conhecimento sobre suas atividades e funções. Isso porque, se a relação entre ciências diversas é necessária, tanto mais o é entre os diversos conhecimentos da Polícia, sejam eles "de fora" ou "de dentro", sejam da Polícia como sujeito ou como objeto.

A interseção entre conhecimentos é inevitável. A complexidade social e humana o exige mais que nunca. O diálogo entre ciências várias deve surgir em torno de um problema fundamental identificado pelo sujeito cognoscente interessado, a quem compete congregar os diversos conhecimentos necessários a sua solução, quando existam pré-disponíveis, ou desenvolvê-los em caso contrário. É o que podemos observar quanto às Ciências Policiais, das quais não há como desvincular as Ciências Criminais e Ciências Jurídicas, embora não se devam reduzir a estas. De fato, embora o crime, como problema fundamental das Ciências Criminais, esteja presente nas Ciências Policiais, não se pode dizer que ele esgota todos os problemas que interessam à Polícia, sobretudo no caso, por exemplo, da Polícia Federal do Brasil que possui atribuições administrativas outras que extrapolam o problema criminal, embora quase sempre guardem relação com este. Igualmente, embora a aplicação da lei, como um dos problemas das Ciências Jurídicas, esteja presente nas Ciências Policiais, não se pode também dizer que ele esgota os problemas que interessam à Polícia, sobretudo considerando que muitos atos da Polícia se podem desenvolver no âmbito de limites amplos da legislação, a exigir determinação de procedimentos não contidos integralmente na lei. A legislação processual penal, por exemplo, nos diz que a investigação criminal é procedida por inquérito policial, segundo certos atos jurídicos admitidos, mas não nos diz qual o método de investigação nem a ordem de atos. Mas a relação entre essas ciências (policiais, criminais e jurídicas) é tão grande que se podem mesmo dizer afins (Figura 2), sendo indeclinável discutir as Ciências Policiais em conjunto com as criminais e jurídicas. Dessa forma, devem estar presentes nos estudos das ciências policiais a criminologia e a política criminal, bem como o direito penal e processual penal.

## Figura 2.

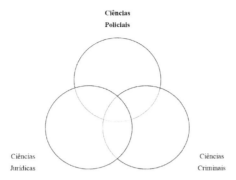

Não obstante, pode subsistir em aberto uma questão: por que congregar os diversos conhecimentos no bojo da denominação "Ciências Policiais" e não de outra denominação? Em outros temos, considerando outros tantos conjuntos de conhecimentos que podem estar em interseção com as ciências policiais e afins, por que optar pelas Ciências Policiais como denominação do conjunto de conhecimentos que interessam à Polícia? Esse questionamento pode parecer desproposado a alguns leitores externos, mas já foi alvo de discussão no âmbito acadêmico da Polícia Federal do Brasil. E embora se trate de uma decisão político-estratégica da Polícia Federal[5], não é por isso sem fundamento, estando a merecer uma devida atenção teórica da ciências policiais. Para abordarmos essa questão, imaginem-se outros conjuntos de ciências em interseção ou proximidade com as ciências policiais e afins (Figura 3)[6], nos seguintes termos: 1. Ciências Policiais; 2. Ciências Criminais; 3. Ciências Jurídicas; 4. Ciências Periciais; 5. Ciências Forenses; 6. Ciências Biológicas; 7. Ciências Médicas; 8. Ciências da Administração; 9. Ciências da Informação; 10. Ciências da Investigação; 11. Ciências Políticas; 12. Ciências Históricas.

---

[5] Nesse ponto, devemos ter em consideração o Plano Estratégico da Polícia Federal 2010-2022, publicado no BS n. 209, de 04 de novembro de 2010 (Portaria n. 1735/2010-DG/DPF), em cujo Anexo I pode-se encontrar como *visão* da Polícia Federal "tornar-se referência mundial em Ciência Policial".

[6] Esta figura não pretende ser uma descrição realista das relações entre os conjuntos de ciências referidos, embora algumas interseções se possam observar na realidade. Dessa forma, as interseções não observadas entre alguns conjuntos não pretendem sugerir que elas não se possam encontrar na realidade.

## Figura 3.

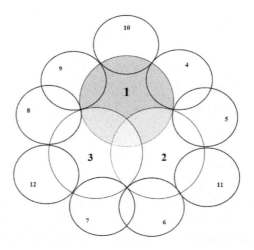

Considerando esse complexo de conjuntos de conhecimentos que se aproximam ou relacionam, o que nos permite escolher como centro de convergência dos diversos conhecimento o conjunto 1 e não outro? Apensa o fato de que estamos em uma instituição policial (Polícia Federal), que exerce atividades policiais (competências constitucionais) voltadas a resolver problemas tipicamente policiais. Essa racionalização, em suma, devemos observar, encontra-se em consonância com o mandamento constitucional que determina às instituições da administração pública atenderem ao princípio da eficiência. Que melhor forma de cumpri-lo se não concentrar as forças dos diversos órgãos da instituição, no sentido de atender ao mandamento constitucional? Ademais, sendo a Polícia Federal do Brasil composta de autoridades policiais (Delegados de Polícia) e agentes públicos (Peritos Criminais, Agentes de Polícia, Escrivão de Polícia e Papilocopista), com formações acadêmicas diversas, nada melhor do que a expressão *Ciências Policiais* como denominação conciliadora de todas as funções exercidas, sem exclusão de qualquer uma. Dessa forma, não obstante o cargo jurídico do Delegado de Polícia (exclusivo de Bacharel em Direito), não teria sentido falar de ciências jurídicas em uma Escola Superior de Polícia, embora não devamos abandonar as relações afins e indissolúveis com o Direito. Nesse mesmo sentido, não se justificaria tratar apenas das Ciências Periciais, ou qualquer um outro conjunto referido na figura acima[7]. Estas são as razões conciliadoras que justificam o projeto da Escola Superior de Polícia no sentido de discutir e desenvolver as Ciências Policiais[8].

Em suma, com as considerações feitas e voltando à perspectiva de Egon Bittner (2003, p. 170ss), o que se pretende com as Ciências Policiais é uma mudança de concepção da "polícia segundo o modelo do homem de armas" para o "modelo do profissional treinado, cujo treinamento apresenta algum relacionamento com o conhecimento científico", o que, naturalmente, envolve a "mobilização e delineamento de programas científicos de estudo e instrução". Nesse sentido, admite-se que "o desenvolvimento de tais programas requer decisões a respeito do que poderia ser estudado e do que deveria ser ensinado. Mas a consideração dessas questões pode durar indefinidamente. O único meio para se sair dessa situação é formar algumas instituições que possam assumir, pelo menos, a jurisdição provisional para a solução desses problemas. Utilizando as analogias com as profissões existentes, tais instituições são as escolas profissionais de pós-graduação"[9].

---

[7] Pelos mesmos motivos, excluem-se com maior razão, pelo menos no âmbito da instituição policial, falar de Ciências Forenses como programa de suas escolas de formação e pós-graduação, embora com elas as Ciências Policiais sempre venham a manter contato, através da interseção com as Ciências Periciais. No entanto, que se entenda tratarem-se as Ciências Forenses de conjunto de conhecimento que se destina ao *fórum*, às discussões processuais que incluem até questões cíveis (estranhas à atividade policial) e se podem exercer inclusive por peritos particulares. Essa é uma conclusão que se impõe no sistema jurídico brasileiro em que os peritos são antes policiais, pelo menos na Polícia Federal, que se reportam não ao Juiz imediatamente, mas ao Delegado em primeiro plano.

[8] Ademais, não se pode olvidar que a antiga Academia de Polícia do Departamento Federal de Segurança Pública, que deu origem à atual Academia Nacional de Polícia, foi originariamente concebida para "aperfeiçoar, atualizar ou especializar funcionários deste ou de outros Departamentos Policiais, nos mais variados aspectos da ciência policial", como assim se encontra redigido em seu histórico ato de criação em 31 de dezembro de 1960.

[9] É nesse contexto que se insere o Programa de Pós-Graduação da Coordenação da Escola Superior de Polícia, em cujo âmbito foi originariamente escrita a primeira versão dessa breve Introdução às Ciências Policiais, como base teórica comum a todas as suas especialidades, mas que pretende ao ser publicada dialogar com outras instituições policiais que vêm discutindo as Ciência Policiais no Brasil e países de língua portuguesa.

# 3. Os Conceitos de Polícia

> *"Entre as instituições do governo moderno, a polícia ocupa uma posição que desperta um interesse especial: ela é, ao mesmo tempo, a mais conhecida e a menos compreendida de todas elas"*
>
> (Egon Bittner)

## 1. A Polícia: Abordagem Semântica e Significados Históricos

O ponto de partida para as Ciências Policiais deve ser a compreensão da Polícia, porque embora saibamos identificá-la, não raramente somos incapazes de explicá-la. Egon Bittner adverte-nos sobre esse problema, ao observar que entre as instituições do governo moderno, embora a polícia ocupe uma posição que desperta interesse especial, ela é, ao mesmo tempo, *a mais conhecida* e *a menos compreendida de todas*[10]:

> A mais conhecida porque, mesmo os membros minimamente competentes da sociedade sabem de sua existência, são capazes de pedir pelos serviços que ela proporciona com notável competência, e sabem como se conduzir na presença dela. (...) Ao mesmo tempo ela é a menos compreendida porque, ao serem convocadas para explicar em que termos e para que fins o serviço policial é estabelecido, as pessoas são incapazes de ir além do lugar comum mais superficial e equivocado que, além disso, está totalmente fora da habilidade de interação que manifestaria suas experiências com os policiais. O que é verdade acerca das pessoas, é também verdade no que toca à polícia (Bittner, 2003, p. 219).

---

[10] Cf. no mesmo sentido Cathala, 1975, p. 2ss.

Em virtude dessa constatação, não devemos ter dúvida de que se justifica tratar de conceitos, sentidos e dimensões da polícia, bem como da tipologia policial, sobretudo porque a compreensão do que podemos considerar Ciência Policial depende em grande medida do que entendemos preliminarmente por polícia e de que espécie de Polícia pretende-se tratar. O mesmo se aplica ao conceito de Ciência como veremos.

A Polícia admite vários conceitos, conforme a abordagem que lhe damos, mas podemos iniciar seu estudo a partir de uma *definição política*, que a identifica como "uma função do Estado", por ser a mais evidente e abrangente da ideia imediata do que ela seja atualmente. Nesse sentido, Sergio Bova (2004, p. 944) a define como "uma função do Estado". Mais especificamente, explica o seguinte:

> *Uma função do Estado* que se concretiza numa instituição de administração positiva e visa a pôr em ação as limitações que a lei impõe à liberdade dos indivíduos e dos grupos para salvaguarda e manutenção da ordem pública, em suas várias manifestações: da segurança das pessoas à segurança da propriedade, da tranquilidade dos agregados humanos à *proteção de qualquer outro bem tutelado com disposições penais* (itálicos nossos)[11].

Essa definição, contudo, apenas nos revela um significado imediato e atual, mas o conceito de Polícia, no decorrer da história, adquiriu sentidos vários. De início, a Polícia configurava o "conjunto das instituições necessárias ao funcionamento e à conservação da cidade-Estado" (Bova, 2004, p. 944). Essa é uma noção que deriva de um primeiro significado etimológico e se identifica com a *abordagem semântica* referida por Jean-Claude Monet (2002, p. 20), segundo o qual:

> Existe comum acordo em ligar o termo "polícia" – assim como "política" – ao grego *politeia*[12]. Até Aristóteles, com algumas variações, o termo remete de um lado à Cidade [*polis*], enquanto entidade distinta das outras comunidades políticas, de outro àquilo que mantém a Cidade em sua unidade, a saber: a arte de

---

[11] Explicando essa definição, Bova ressalta que "a definição de Polícia acima apresentada é, na realidade, uma atividade orientada a consolidar a ordem pública e, consequentemente, o estado das relações de força entre classes e grupos sociais".

[12] Nesse sentido, entende-se por que a *revista científica* do Instituto Superior de Ciências Policiais e Segurança Interna (ISCPSI) de Portugal possui exatamente o nome POLITEIA, o que se explica plenamente pela etimologia.

governar. A partir de Platão e Aristóteles, o conceito muda de conteúdo e remete a duas ordens de realidades: primeiramente, designa esse conjunto de leis e de regras que concerne à administração geral da Cidade, isto é, a ordem pública, a moralidade, a salubridade, os abastecimentos; além disso, remete a esses "guardiães da lei" de que fala Platão em *A República*, encarregados de fazer respeitar essa regulamentação. (...) Os romanos tomam de empréstimo aos gregos o tempo *politeia* (que corresponde para eles a dois conceitos, o de *res publica*, a "coisa pública", e o de *civitas*, que designa os "negócios da cidade"), mas o latinizam para *politia*, derivado da palavra *polis*, que significa "cidade". Paralelamente, seus juristas dão um conteúdo e um lugar específicos à noção de "polícia", em construções teóricas que visam a justificar a soberania absoluta imperial sobre seus súditos.

No entanto esse significado, no decorrer da história, adquiriu sentidos vários, que são assim sintetizados por Sergio Bova (2004, p. 944):

a) Na Idade Média, indicava "a *boa ordem da sociedade civil*, da competência das autoridades políticas do Estado, em contraposição à boa ordem moral, do cuidado exclusivo da autoridade religiosa";
b) Na Idade Moderna, "seu significado chegou a compreender *toda a atividade da administração pública*", vindo, assim, a identificar-se um Estado de Polícia[13], "com que se designava um ordenamento em que toda a função administrativa era indicada com o termo de Polícia";
c) No início do século XIX, a Polícia volta a ter um significado mais restrito, quando passa a identificar-se com "*a atividade tendente a assegurar a defesa da comunidade dos perigos internos*"[14].

Essa é, em síntese, a noção geral da Polícia, à qual acresceremos o estudo dos *sentidos, dimensões e espécies* de Polícia, como se segue[15].

---

[13] O Estado de Polícia pode ser entendido como "síntese de ordem e bem-estar", mas trataremos melhor desse conceito em capítulo próprio para explicar como se chegou à concepção negativa que dele temos atualmente.
[14] "Tais perigos estavam representados nas ações e situações contrárias à *ordem pública* e à *segurança pública*. A defesa da ordem pública se exprimia na repressão de todas aquelas manifestações que pudessem desembocar numa mudança das relações político-econômicas entre as classes sociais, enquanto que a segurança pública compreendia a salvaguarda da integridade física da população, nos bens e nas pessoas, contra os inimigos naturais e sociais" (Bova, 2004, p. 944).
[15] Uma compreensão mais ampla da Polícia, contudo, exige-nos teorizações mais específicas que nos exponham sua complexidade a partir de estudos de naturezas diversas (antropológica, histórica, sociológica, política, jurídica etc.), para que possamos apreender seu real sentido.

## 2. Sentidos e Dimensões da Polícia

### 2.1. Polícia como Atividade, Poder de Polícia e Polícia como Órgão Público

A Polícia pode, ainda, ser compreendida a partir de dois sentidos distintos, um *objetivo* e outro *subjetivo*. Em *sentido objetivo*, a Polícia aparece como *atividade* administrativa, expressão de poder estatal, podendo se encontrar em órgãos públicos propriamente policiais ou não[16]. Nesse sentido, fala-se em *polícia* como a prerrogativa (poder) de que dispõe a administração pública para a consecução de interesses coletivos (dever). Sob essa perspectiva, Marcelo Caetano (1970, p. 1066) define a Polícia como:

> O modo de actuar da autoridade administrativa que consiste em intervir no exercício das actividades individuais susceptíveis de fazer perigar interesses gerais, tendo por objecto evitar que as leis produzam, ampliem ou generalizem os danos sociais que as leis procuram prevenir.

O *poder de polícia* de que se vale o Estado, sucintamente considerado, consiste na "atividade estatal de condicionar a liberdade e a propriedade ajustando-as aos interesses coletivos" (Mello, 2003, p. 709)[17], alcançando, em sentido amplo, tanto medidas legais, quanto as administrativas, sejam elas gerais e abstratas, ou específicas e concretas[18]. Em síntese, é o poder que tem por *objeto* intervir no âmbito de proteção de direitos individuais, tendo por *fundamento* a justificação de proteção de direitos de interesse coletivo, balizado por *limites,* constitucionais ou legais, que concedem autorização para restrição de direitos.

Em *sentido subjetivo,* a Polícia se apresenta como instituição representada por órgão público que tem por objeto atividade de natureza policial

---

[16] Exemplo disso são os órgãos de vigilância sanitária, de fiscalização das edificações etc., que exercem função policial de natureza administrativa, sem se apresentarem como órgão policial no sentido mais corriqueiro que temos hoje do termo.

[17] Para uma compreensão mais crítica da expressão, cf. Cretella Jr, José. *Do poder de polícia.* Rio de Janeiro: Forense, 1999.

[18] Em um sentido restrito, ao qual se podem fazer ressalvas, tende-se a limitar a noção de poder de polícia às medidas do Poder Executivo, e mais especificamente à noção exclusiva de polícia administrativa, não relacionada ao sistema penal. Nesse sentido, cf. Mello, 2003, p. 709.

ou não[19]. Nesse sentido é que podemos falar em Polícia Federal, Polícia Civil e Polícia Militar, órgãos armados destinados à segurança interna do Estado, entre outras funções. É sob esse aspecto que a Polícia costuma ser identificada como um *instrumento armado* de que se utiliza o Estado, pelo *monopólio da força física legítima*, para assegurar suas finalidades. A Polícia, nesse sentido, é normalmente associada a um "instrumento armado do Estado". Contudo, urge ponderar que, sendo o *Estado Democrático de Direito*, a Polícia está vinculada a seus *fundamentos e objetivos* constitucionalmente delineados.

O *Estado Democrático de Direito* (ou de direito democrático) congrega duas ordens de ideias: o *Estado de direito*, cuja expressão jurídico-constitucional se compõe de um complexo de normas, que no conjunto concretizam a ideia nuclear de *sujeição do poder a princípios e regras jurídicas*, garantindo às pessoas e cidadãos liberdade, igualdade perante a lei e segurança; e *Estado democrático*, a indicar que a *legitimidade* do domínio político e a *legitimação* do exercício do poder radicam na soberania popular e na vontade popular (Canotilho, 2002, p. 230ss). Mais especificamente, ainda segundo Gomes Canotilho, o Estado de direito se concretiza por certos subprincípios, quais sejam: o princípio da legalidade da administração; os princípios da segurança jurídica e da proteção da confiança dos cidadãos; o princípio da proibição de excesso; e o princípio da proteção jurídica e das garantias processuais. O princípio democrático, por sua vez, é mais do que um *método* ou *técnica* de escolha de governantes, pois, considerado nos seus vários aspectos político, econômicos, sociais e culturais, ele aspira a ser o *impulso dirigente* de uma sociedade.

No Brasil, o Estado Democrático de Direito se caracteriza por seus fundamentos e objetivos especificados nos artigos 1º e 3º da Constituição Federal, assim dispostos:

> Art. 1º A República Federativa do Brasil, formada pela união indissolúvel dos Estados e Municípios e do Distrito Federal, constitui-se em Estado Democrático de Direito e tem como fundamentos: I – a soberania; II – a cidadania;

---

[19] Aos órgãos policiais se podem destinar funções que consistem em serviço público não necessariamente vinculado a uma restrição direta de direitos. Exemplo disso é a expedição de passaporte pela Polícia Federal. Mas há que se admitir, contudo, que de forma indireta há uma limitação policial sobre a migração, indissociável desse serviço público.

III – a dignidade da pessoa humana; IV – os valores sociais do trabalho e da livre iniciativa; V – o pluralismo político.

Art. 3º Constituem objetivos fundamentais da República Federativa do Brasil: I – construir uma sociedade livre, justa e solidária; II – garantir o desenvolvimento nacional; III – erradicar a pobreza e a marginalização e reduzir as desigualdades sociais e regionais; IV – promover o bem de todos, sem preconceitos de origem, raça, sexo, cor, idade e quaisquer outras formas de discriminação.

Nesse sentido, a Polícia, como representação do Estado Democrático de Direito, deve fazer-se instrumento desses elementos do Estado, não do particularismo de *Governo*, embora se constitua em parte como Governo, por representar um aspecto do Estado. *Governo*, numa primeira aproximação e com base num dos significados que o termo tem na linguagem política corrente, pode-se definir como "o conjunto de pessoas que exercem o poder político e que determinam a orientação política de uma determinada sociedade. É preciso, porém, acrescentar que o poder de Governo, sendo habitualmente institucionalizado, sobretudo na sociedade moderna, está normalmente associado à noção de Estado. (...) Existe uma segunda acepção do termo governo mais própria da realidade do Estado moderno, a qual não se indica apenas o conjunto de pessoas que detêm o poder de Governo, mas o complexo dos órgãos que institucionalmente têm o exercício do poder. Nesse sentido, o Governo constitui um aspecto do Estado" (Levi, 2004, p. 553).

Assim, devemos entender que uma Ciência Policial se deve construir com base nessa ideia, tendo em conta a distinção fundamental entre Estado e Governo, de tal forma que, embora se componha a partir de elementos políticos, estes não obstruam a possibilidade de uma ciência política.

## 2.2. Dimensões da Polícia: Instituição, Organização e Profissão

A Polícia, em síntese, pode ser considerada como instituição estatal que se particulariza pelo *uso da força física legítima*, sendo, nesse sentido, um instrumento do Estado, vinculado às suas características essenciais – atualmente em grande parte das sociedades ocidentais, democrático e de direito. Essa instrumentalidade da Polícia, contudo, não a reduz a mero veículo de interesses exclusivamente exógenos (não em absoluto, mas só relativamente), em virtude da *tridimensionalidade* com que se constitui intimamente[20]. Adentrando, assim, mais a fundo na noção de Polícia, precisamos compreendê-la a partir de suas variadas dimensões, que revelam três aspectos constitutivos: *a instituição, a organização e a profissão*[21].

O aspecto da *instituição*[22] nos revela a *dimensão do valor*[23] que caracteriza a Polícia. Em síntese, nas instituições modernas, esse valor é identificado pela *proteção dos direitos do homem*, tal como ficou cristalizado no art. 12 da Declaração dos Direitos do Homem e do Cidadão (1789): "A garantia dos direitos do homem e do cidadão necessita de *uma força pública*; esta é, portanto, instituída em benefício de todos, e não para a utilidade particular daqueles a quem ela é confiada". É o que constitui o *mandato policial fundamental*, que, para além de caracterizar a instituição, legitima-a. Embora não tenha sido em toda parte e em todo tempo assim, atualmente e desde o advento da modernidade, é esse o parâmetro da Polícia como instituição

Sob esse aspecto, mesmo sendo enquadrada como instituição estatal, não se pode chegar a outra conclusão em um Estado Democrático de Direito, em cujos fundamentos se encontra *a dignidade da pessoa humana*. Ao considerar a Polícia como instituição, não se pode dizer que esse valor lhe é peculiar, contudo. Trata-se de um valor geral, comum a todas as instituições do Estado, pois que decorre diretamente dos fins deste. Há,

---

[20] Segundo Dominique Monjardet (2002, p. 23), "na prática, nenhuma polícia se resume à realização estrita da intenção daqueles que a instituem e têm autoridade sobre ela, à pura instrumentalidade", e isso decorre de sua tridimensionalidade.

[21] A respeito da tridimensionalidade da Polícia, com essa configuração, cf. Monjardet, 2002, p. 21ss. Jean-Claude Monet (2002, p. 15ss.) também se refere às três dimensões da Polícia, mas como "ação coletiva organizada" (1); "administração pública de homens organizados", com base na hierarquia e disciplina (2); e "instituição fundamental ao funcionamento político da coletividade" (3), sendo sob esse aspecto indicador de um regime político, quanto à natureza mais ou menos democrática da relação entre Estado e Sociedade.

[22] "...uma instituição é um 'conjunto de regras estabelecidas com vistas à satisfação de interesses coletivos; o organismo que visa a mantê-los" (Monjardet, 2002, p. 25). Existe uma tendência na identificação da Polícia como instituição em torno da autoridade política, como instrumento de Governo e não do Estado. A respeito dessa perspectiva, cf. críticas de Monjardet, 2002, p. 35ss.

[23] Nesse sentido: "Toda instituição se especifica pelos valores a que ela serve" (Monjardet, 2002, p. 29).

ademais, valores que lhe são mais específicos, conforme a Polícia de que se trate[24].

Dominique Monjardet (2002, p. 23), referindo-se à instituição policial, observa que se pode analisá-la como a reunião de dois elementos analiticamente distintos, um universal e outro específico:

> Um elemento universal, comum a toda polícia, sua instituição (no sentido dinâmico do termo) como *instrumento* de distribuição da força num conjunto socialmente definido (...). E um elemento específico que, em contrapartida, diferencia as polícias: as finalidades que são socialmente atribuídas ao uso da força numa determinada sociedade, e que se identificam ao mesmo tempo por prescrições normativas particulares (...) e pelas práticas observáveis do instrumento.

Nesse ponto, observa-se que, para além dos valores que orientam a instituição policial em específico, segundo as atribuições que lhe são próprias (afinal, havendo várias polícias em um mesmo Estado, a cada uma compete determinadas funções), é necessário considerar como essa instituição, na prática que desenvolve em efetivo, mostra-se perante a sociedade, o serviço que lhe presta e a opinião que tem o cidadão a respeito de sua função pública. Assim, a instituição policial, em específico, caracteriza-se mais pela eficácia social de sua atividade que pela proposição apenas declarada numa pauta de valores; mas essas duas faces são relevantes na caracterização de cada corpo de polícia como instituição, em particular.

Essa compreensão institucional, que mescla valores pressupostos com a prática efetiva, permite-nos avaliar a Polícia como o *instrumento de uso da força física legítima* pelo Estado. Sobretudo porque, ainda que se reconheça nessa função sua *natureza específica e peculiar*, em um Estado Democrático de Direito essa função não passa de uma *possibilidade de agir*, segundo *diretrizes*

---

[24] Assim, pode-se falar, por exemplo, em valores da Polícia Federal, em especial. A Portaria n. 1.204/99-DG/DPF refere-se aos valores do Departamento de Polícia Federal, para especificar *símbolos representativos da instituição* e *valores éticos do policial*. Entre os símbolos, tem uma especial função caracterizadora da instituição o Hino do Departamento de Polícia Federal, de cuja letra é possível extrair os seguintes valores específicos da instituição: a) *preservação da ordem jurídica* (2ª verso, 2ª estrofe: "preservando o direito e a ordem"); *defesa da legalidade* (3º verso, 1ª estrofe: "defendendo os princípios legais",); *defesa da dignidade da pessoa humana* (1º verso, 3ª estrofe: "defendendo os direitos humanos").

*proporcionais de adequação e necessidade*, nunca uma forma *a priori* de agir sempre e obrigatoriamente pela força.

O aspecto da *organização* nos remete, por sua vez, à *estrutura* e ao *funcionamento* da instituição, necessários ao desempenho da atividade policial. Nesse ponto, Dominque Monjardet (2002, p. 41) explica que:

> Toda organização de trabalho comporta, pois, duas faces: um lado formal (estrutura, organogramas, recursos humanos e materiais, e seu arranjo segundo regras explícitas que determinam a maneira como a organização pode operar), e outro lado informal, que é o conjunto dos comportamentos e normas observáveis segundo os quais a organização realmente funciona.

De forma sucinta, o aspecto organizacional da Polícia pode ser apreendido pela relação "autonomia-enquadramento", na atribuição das competências a cada um dos órgãos da instituição, distinguindo entre *os que definem diretrizes gerais*, com certa discricionariedade em relação aos parâmetros da lei, e *os que a cumprem de forma vinculada*. É nesse contexto que se situa a essencialidade da *hierarquia e disciplina*, relativamente aos agentes de polícia, tendo especial relevância a forma como ela é manejada na economia interna da instituição, desde o processo de seleção e formação do policial, até a forma como as funções são escalonadas em torno de uma autoridade funcional bem delimitada e claramente compreendida, sem descontinuidade nem intervalos entre o caráter formal e informal da estrutura organizacional[25]. A respeito disso, Dominique Monjardet (2002, p. 42) adverte que:

> O intervalo entre a organização formal e a organização informal é maior ou menos; ele é frequentemente menor nas pequenas organizações e/ou quando o processo de trabalho é cooperativo e todos os membros concordam sobre os fins esperados; esse intervalo aumenta proporcionalmente ao tamanho da organização, ao seu caráter coercitivo, e à variedade dos objetivos que suas diferentes categorias de membros lhe atribuem.

O aspecto da *profissão*, por fim, enfatiza a Polícia a partir da *carreira profissional*, considerando sua disciplina normativa e os *interesses profissionais* que a

---

[25] Para uma visão aprofundada do aspecto da organização policial, cf. Monjardet, 2002, p. 41-150, com todas as especificidades que circundam o problema.

circundam, bem como a cultura policial que personifica a imagem do profissional de polícia. Nesse ponto é que se pode situar a importância de um *código de conduta* que estabelece preceitos éticos ao policial, que concorre para a formação de uma cultura policial em conformidade com os valores da instituição. Mas é igualmente relevante uma disposição organizacional que esteja em conformidade com tais valores. Acerca dos interesses, especificamente, Dominique Monjardet os divide em três classes (2002, p. 153):

> Os que vão ser denominados *interesses materiais* são fundados em condições de emprego e de trabalho, não têm nenhuma especificidade policial e são observados do modo idêntico nas reivindicações de não importa qual grupo assalariado empregado por uma grande organização. Aqueles que, na polícia, assumem uma forma particular por causa das características policiais da situação de trabalho serão chamados de *interesses corporativos*. Enfim, o termo *interesses profissionais* se refere ao outro sentido do interesse, não aquele que relaciona (interesse de um capital ou de um investimento), mas o que desperta a atenção, o que motiva (o interesse de uma obra), isto é, o que é ou não valorizado no trabalho policial[26].

## 3. Tipologia Policial: Espécies de Polícia

A Polícia, seja em sentido subjetivo, seja no objetivo, apresenta-se ainda sob diversas espécies, em geral dividida em órgãos ("corpos" de polícia) com funções que se distinguem por algum critério. As classificações tipológicas são muitas e variadas, por isso trataremos apenas de algumas. Dentre as mais importantes, deve-se considerar a desenvolvida por Dominique Monjardet (2003, p. 281ss), pela qual o autor estabelece um paralelismo entre espécie de polícia (de ordem, criminal ou de segurança) em um sistema e a qualidade da sociedade (totalitária, dividida ou cidadã, respectivamente), conforme a predominância da função de cada espécie. Trata-se de tipologia extremamente útil a estudos dirigidos para explicar sistemas policias de determinado país, ou a função essencial de alguma polícia em específico, determinando seu impacto social no regime político de um Estado.

---

[26] Para aprofundar sobre o aspecto da profissão policial, cf. Monjardet, 2002, p. 151-201, em especial na parte que se refere ao sindicalismo policial e sua importância na caracterização do trabalho policial.

Em especial, há uma tipologia que se consagrou no direito francês, que estabelecia uma distinção entre *polícia administrativa e polícia judiciária* (Caetano, 1970, p. 1069ss) e veio a ser um modelo seguido no Brasil, desde o século XIX, e ainda hoje se repete pela doutrina jurídica (administrativa e processual penal), com algumas exceções, mesmo não subsistindo o motivo que justificava a designação "polícia judiciária", porque originariamente vinculada ao Judiciário, não ao Executivo, como é atualmente[27]. Segundo o *Código Francês dos Delitos e das Penas de 3 de Brumário do Ano IV*, art. 18: "a polícia administrativa tem por objeto a manutenção habitual da ordem pública em toda a parte e em todos os sectores da administração geral. O seu fim é, principalmente, o de prevenir os delitos...". E, por sua vez, "a polícia judiciária investiga os delitos que a polícia administrativa não impediu se cometessem, reúne as respectivas provas e entrega os autores aos tribunais encarregados por lei de os punir". Marcelo Caetano (1970) se refere ainda à *polícia política*, como uma mescla das duas polícias, sem autonomia conceitual: "Na medida em que previne a criminalidade política e habilita os tribunais a reprimir os crimes contra a segurança interior ou exterior do estado, é polícia judiciária; enquanto tenda a evitar que atividades individuais ponham em perigo instituições ou regimes políticos é polícia administrativa".

Em síntese, a distinção se funda na atividade de cada polícia, segundo sua função preventiva ou repressiva. No entanto, conforme uma compreensão mais atual dessas polícias, observa-se que, de uma forma indireta, nem a polícia administrativa deixa de reprimir os ilícitos que visa prevenir, nem a polícia judiciária deixa de prevenir ilícitos que deve reprimir. A distinção, hoje, parece estar mais na natureza do ilícito, de tal forma que, sendo este criminal (não meramente administrativo), cumpre à polícia judiciária agir, seja preventiva ou repressivamente. E nos casos em que, sendo o ilícito igualmente administrativo e criminal, ambas polícias atuarão tanto preventiva quanto repressivamente. Assim, parece-nos que a melhor distinção entre polícia judiciária e polícia administrativa está nas implicações que a atividade tem para o sistema jurídico-penal, sendo assim uma tipologia em sentido objetivo, não representando expressões que designam órgãos (sentido subjetivo).

---

[27] Cf., a esse respeito, a antiga Lei n. 2033, de 1871, que instituiu a polícia judiciária como órgão auxiliar do Poder Judiciário.

O problema da terminologia *polícia judiciária* está em que, comumente, ora ela tem sido referida como um órgão (em sentido subjetivo, em geral pela doutrina, a partir do previsto no Código de Processo Penal, art. 4º), ora como uma atividade (em sentido objetivo, tal como previsto na Constituição Federal, art. 144, §1º, IV). Assim, na tipologia constitucional, seu uso está em sentido objetivo, como atividade exercida pelas Polícias Civis dos Estados e pela Polícia Federal (estas sim polícias em sentido subjetivo). Ciente dessa distinção, Denilson Feitoza (2008, p. 162 s) apresenta, de forma sucinta, uma outra classificação, que separa a polícia em *administrativa* (que tem por objeto limitações impostas a bens jurídicos); *de segurança* (destinada a manutenção da ordem jurídica com medidas preventivas); e *judiciária* (como polícia de apoio ao judiciário no cumprimento de suas ordens), distinguindo dessa a *polícia de investigação, ou investigativa* (ou *polícia criminal*, como preferimos, destinada à apuração de infrações penais e sua autoria). Esta, sem dúvida, parece ter sido uma distinção feita na Constituição Federal, ao tratar das atribuições da Polícia Federal, separando a função de polícia de investigação (art. 144, §1º, inc. I) da função de polícia judiciária (inc. IV, do mesmo artigo e parágrafo), bem como ao incumbir às polícias civis "as funções de polícia judiciária e a apuração de infrações penais" (§4º) de forma especificadamente separada.

Contudo, essa distinção é absolutamente arbitrária, tanto pela Constituição, quanto pela doutrina, a considerar historicamente o que significa a polícia judiciária, bem como teoricamente o que se entende no direito comparado.

A doutrina processualista penal nacional, seguindo a doutrina jurídica histórica e comparada, sempre entendeu que a polícia judiciária abrange precisamente a investigação criminal. Dois critérios são referidos para distinguir a polícia judiciária da administrativa. Pelo primeiro critério, baseado na distinção entre funções preventivas e funções repressivas, "a polícia judiciária opera depois das infrações para investigar a verdade e, a respeito, prestar informações à justiça". Pelo segundo critério, baseado na diferença de efeitos judiciais das funções policiais, "o valor de prova judicial assinala um ato judiciário da polícia, uma função de polícia judiciária", ao passo que a polícia administrativa alcança valor meramente informativo. Nesses termos, Joaquim Canuto Mendes de Almeida (1973, p. 60) conclui que: "Polícia Judiciária é, pois, em correlação oposta à polícia preventiva, a polícia repressiva, auxiliar do Poder Judiciário; e, em correlação oposta à polícia que auxilia por informações, a polícia que prepara provas judiciais". É a partir dessa questão que precisamos entender o que está em causa, afinal até podemos ter atividades administrativas diversas que se deparem com a necessidade de "apurar infrações penais" (para usar aqui a expressão constitucional), mas essa apuração somente pode ter a natureza processual probatória se estiverem sob direção de órgãos específicos de polícia judiciária.

Claro é que esse conceito se deve atualizar para falar não de auxiliar do Poder Judiciário, mas de Polícia Judiciária como "função essencial à Justiça". E, sobretudo, deve-se ter em conta o valor condicionado dos atos probatórios de investigação, nos termos do que atualmente dispõe o art. 155 do CPP. Mas a ideia central deve permanecer, pois retirar do conceito de polícia judiciária a função investigativa seria esvaziar seu sentido, para transformá-la numa polícia administrativa do poder judiciário. Apenas uma absoluta incompreensão do sentido histórico da polícia judiciária, não apenas no Brasil, mas sobretudo na história das instituições processuais penais desde França, passando por todos os demais países que o seguem, permitir-nos-ia dissociar polícia judiciária de sua função investigativa.

A compreensão possível para a dissociação constitucional entre polícia judiciária e "apuração de infrações penais" (e essa é a expressão utilizada, em lugar de investigação criminal), é dar a essa uma interpretação restritiva no sentido de permitir a outras instituições, mas sempre e necessariamente havendo lei, a possibilidade de realizar atos de investigação não qualificados pela natureza processual, ou seja sem possibilidade de utilização em juízo, salvo se for instrumentalizado por inquérito policial dirigido por autoridade específica de polícia judiciária.

### 3.1. Tipologia Segundo a Lógica do Estado de Direito

Assim, portanto, uma tipologia que, segundo entendemos, merece atenção especial é a que se encontra na obra de Luigi Ferrajoli, *Direito e Razão: Teoria do Garantismo Penal*, cujo autor se refere à necessária separação entre certas funções de polícia, na perspectiva de um Estado de direito. Segundo Ferrajoli (2002, p. 617):

> Na *lógica do Estado de direito*, as funções de polícia deveriam ser limitadas a apenas três atividades: *a atividade investigativa*, com respeito aos crimes e aos

ilícitos administrativos, *a atividade de prevenção* de uns e de outros, e aquelas *executivas e auxiliares da jurisdição e da administração*.

Na referência a uma "lógica do Estado do direito", podemos entender "segundo uma concepção garantista", em que a *separação dos poderes* é uma constante axiológica que acompanha a evolução do Estado como garante dos direitos. Nesse sentido, podemos sustentar que atribuir a único corpo policial as diversas funções policiais, em ciclos completos de polícia, como atualmente se propõe, significaria algo contrário ao Estado de direito, visando não à garantia dos direitos, mas à eficiência do Estado em outro sentido.

Após estabelecer uma tipologia em sentido objetivo, distinguindo funções policiais, Ferrajoli a relaciona com o sentido subjetivo, chamando a atenção para a necessária separação não apenas de funções, mas dos órgãos policiais[28]. Nesse ponto, segundo o autor:

> As diversas atribuições, por fim, deveriam estar destinadas a corpos de polícia separados entre eles e organizados de forma independente não apenas funcional, mas também, hierárquica e administrativamente dos diversos poderes aos quais auxiliam. Em particular, a polícia judiciária, destinada à investigação dos crimes e a execução dos provimentos jurisdicionais, deveria ser separada rigidamente dos outros corpos de polícia e dotada, em relação ao Executivo, das mesmas garantias de independência que são asseguradas ao Poder Judiciário do qual deveria, exclusivamente, depender (2002, p. 618).

### 3.2. A Polícia Judiciária como Função Essencial à Justiça

Essa tipologia torna claro que a Polícia Judiciária corresponde a uma instituição cuja função de investigação criminal é essencial ao exercício da jurisdição penal, sem a qual a legitimação cognitivista pretendida pelo Estado de Direito não se poderia realizar[29]. É nesse sentido, portanto, a proposta

---

[28] Segundo Ferrajoli (*idem, ibidem*): "A atual promiscuidade, seja subjetiva (dos aparatos) que objetiva (das funções), não permite, por seu turno, caracterizar a polícia nem sob o aspecto organizacional nem sob o aspecto funcional" (*idem, ibidem*).

[29] A respeito dessa concepção de jurisdição, cf. Ferrajoli (*idem, Ibidem*, p. 55). Cf. também, mais especificamente, Ferrajoli, 2007, p. 879ss, no qual se esclarece o seu indeclinável poder investigativo caracterizado pela verificação fática e demonstração probatória, o que no Brasil é de competência inicial das Polícias Judiciárias.

de Fábio Konder Comparato que vai sustentar a necessária recolocação da Policia Judicíaria no capítulo constitucional "Das Funções Essenciais à Justiça", dando-lhe uma autonomia em relação ao Poder Executivo[30]. A partir dessa proposta, Jacinto Nelson de Miranda Coutinho, na condição de Conselheiro Federal da Ordem dos Advogados do Brasil, opina favoravelmente ao considerar a questão como um problema de concentração e separação de poder, na mesma linha que o sustenta Luigi Ferrajoli em sua tipologia das polícias. E é como o consideramos igualmente, sem excluir em razão disso a a possibilidade de uma ciência policial relativa à função típica de polícia judiciária distinta e separada das demais funções gerais de polícia.

---

[30] A respeito, cf. nossa *Introdução ao Direito de Polícia Judiciária* (Pereira, 2019), bem como o artigo acerca "Da Autonomia Funcional e Institucional da Polícia Judiciária" (Coutinho, 2017, p. 13-23).

# 4. Os Conceitos de Ciência

> *"Não há uma fundamental diferença de tipo entre ciência e outras formas de indagação intelectual. Tudo pretende dotar de sentido o mundo e nossa experiência. Todas as teorias, tanto científicas como de outro tipo, estão igualmente sujeitas a compromissos empíricos e conceituais"*
>
> (Larry Laudan)

## 1. Ciência: o Conhecimento Garantido

A ciência pode ser entendida, preliminarmente, como "conhecimento que inclua, em qualquer forma ou medida, uma garantia da sua própria validade" (Abbagnano, 2007, p. 157)[31]. Embora se exija uma justificação do conhecimento, para diferenciar-se da mera opinião, esse conceito admite não ser necessária uma garantia absoluta e nos permite abordar diversas concepções de ciência que se podem distinguir conforme a garantia consista na *demonstração*; na *descrição* ou na *corregibilidade*[32].

A *ciência como demonstração* representa o ideal clássico de ciência, em que se pretende demonstrar verdades necessárias como afirmações que

---

[31] Steven French (2007), contudo, inicia seu livro, apresentando dois conceitos – "A ciência é uma estrutura construída sobre fatos" (J. J. Davies, 1968) e "A coisa importante na ciência não é tanto obter novos fatos, mas descobrir novas maneiras de pensar a respeito deles" (W. L. Bragg, 1995) – que representam não apenas concepções contrapostas, mas uma renovação sobre o sentido da ciência.

[32] Luiz Henrique de A. Dutra (2009), contudo, propõe abordar as diversas concepções da ciência a partir dos modelos de teorias da confirmação, do progresso, da explicação e da aceitação. A partir da pergunta sobre "o que faz com a ciência seja ela mesma", em distinção com a arte, religião, polícia, filosofia etc., o autor apresenta as teorias referidas como propostas conceituais já realizadas.

fazem parte de um sistema unitário. Os *Elementos* de Euclides (sec. II a. C), que se baseia em um sistema axiomático dedutivo, sem recurso à experiência, representou essa concepção em sua mais perfeita expressão, mas a geometria não-euclidiana pôs em dúvida esse ideal[33]. É nessa base que se pode situar o racionalismo cartesiano da certeza fundada integralmente na dedução[34]. Em relação à unidade do sistema, por sua vez, tem-se admitido ser suficiente que seus enunciados sejam compatíveis entre si, o que exige que sejam apenas não-contraditórios (*idem, ibidem*).

A *ciência como descrição* reduz-se "à observação dos fatos e às inferências fundadas nos fatos" (*idem, ibidem*). Nessa base, situa-se o empirismo, que evidenciava o caráter ativo e operacional do conhecimento no domínio da natureza (Bacon). Mas já se sabe que ciência não se pode considerar mero "espelhamento fotográfico dos fatos". Sabe-se que uma simples constatação de fatos não basta para constituir uma ciência, porque é preciso raciocinar sobre o que se observa, comparar fatos e julgá-los (C. Bernard). Assim, somente se pode entender a ciência como uma descrição abreviada e econômica dos fatos e suas relações, que mais não representa que o conceito de lei. Dessa forma, chegou-se a entender que "o conceito fundamental da ciência é o da lei científica e o objetivo fundamental de uma ciência é estabelecer leis" (*idem, ibidem*).

A *ciência como corregibilidade*, por fim, representa uma concepção menos dogmática da ciência e admite como única garantia de validade sua autocorrigibilidade[35]. Aqui, a ciência abdica da pretensão à garantia absoluta, a partir do reconhecimento do *falibilismo*[36] como pressuposto

---

[33] A geometria não-euclidiana, ao demonstrar que duas paralelas somente não se tocam em superfície de curvatura nula, põe em dúvida a pretensão de verdades necessárias, independente da experiência a que se aplica. Cf. Bachelard, 1934, p. 23ss, a respeito de "Os dilemas da filosofia geométrica".

[34] Cf. Bachelard, 1934, p. 131ss, a respeito de "A epistemologia não-cartesiana".

[35] Embora se diferenciem, as concepções descritiva e autocorretiva da ciência partem de um mesmo pressuposto: "a interpretação da ciência como a suprema – e mais confiável – forma de saber", o que vem sendo posto em dúvida por várias concepções posteriores, que rejeitam o método científico unitário, tanto quanto a ciência como obra de mentes individuais e alheias a particularidades dos diversos contextos (Abbagnano, *op. cit.*, p. 160).

[36] *Falibilismo*. "Termo criado por Peirce para indicar a atitude do pesquisador que julga possível o erro a cada instante da sua pesquisa e, portanto, procura melhorar os seus instrumentos de investigação e de verificação" (Abbagnano, *op. cit.*, p. 494). "O falibilismo é, assim, uma posição que se situa entre o dogmatismo e o ceticismo" (Blackburn, 1994, p. 142).

do conhecimento. Nessa concepção, pode-se situar o falsificacionismo de Karl Popper, com sua lógica de pesquisa científica. Esse é o ponto de partida da epistemologia contemporânea que acendeu o debate na filosofia da ciência de fins do século XX. É a partir dessa concepção que a Ciência Policial precisa considerar-se.

## 1.1. A Lógica da Pesquisa Científica

Karl Popper (2007) considera a *falsificabilidade*[37], e não a *verificabilidade*[38], a marca fundamental da ciência. A pesquisa científica se inicia por problemas, para os quais devemos apresentar hipóteses como tentativas de solução que requerem provas pela experiência. Para que seja provada de fato, uma hipótese deve ser provável ou verificável em princípio, o que implica igualmente que possa ser falseável. Se a hipótese for confirmada, diz-se que está corroborada; se não for, diz-se que está refutada. Entretanto, por mais confirmações que se apresentem, nunca uma teoria se pode dizer corroborada em definitivo; mas basta uma só refutação para que uma teoria se possa considerar falseada. Dessa forma, a falsificabilidade deve ser a propriedade dos enunciados científicos, para que as hipóteses possam enfrentar o "tribunal da experiência, que tem o poder de falsificá-las, mas não de confirmá-las" (Blackburn, 1994, p. 302). No âmbito da atividade policial, por exemplo, essa é precisamente a condição das hipóteses fáticas da investigação criminal, quando postas em processo contraditório. Por isso, apesar das limitações e críticas que se fazem ao falsificacionismo popperiano – especialmente por Imre Lakatos, ainda podemos aceitá-lo nesse âmbito de conhecimento.

Consideremos, assim, duas das principais objeções ao falsificacionismo (Chalmers, 1983, p. 93ss), no âmbito da investigação criminal, com as justificativas que temos para ainda assim aceitá-lo. Embora na ciência não sejam definitivas também as falsificações, porque "as proposições de observação que formam a base para a falsificação podem se revelar falsas à luz de desenvolvimentos posteriores" (primeira objeção), na investigação criminal as

---

[37] Encontra-se também o termo *falseabilidade* na tradução brasileira de *A lógica da pesquisa científica*.
[38] "Princípio central do positivismo lógico, que afirma que o significado de uma afirmação é o seu método de verificação" (Blackburn, *op. cit.*, p. 314). Dessa forma, considerar-se-iam destituídos de significado enunciados que não permitem qualquer verificação.

teses acusatórias refutadas, uma vez sob a autoridade da coisa julgada, não podem ser revistas (justificativa)[39]. Embora na ciência "a teoria em teste pode estar errada, mas alternativamente pode ser uma suposição auxiliar ou alguma parte da descrição das condições iniciais que sejam responsáveis pela previsão incorreta", porque as teorias não consistem em afirmações hipotéticas isoladas (segunda objeção), na investigação criminal podemos isolar teses acusatórias e contrapô-las às defensórias, sendo isto suficiente para rejeição da hipótese geral.

Eis porque, embora criticável, é relevante termos em mente a teoria de Popper, no âmbito das ciências policiais, especialmente na atividade investigativa criminal, se não de forma conclusiva, pelo menos como ponto de partida para a compreensão melhor da ciência[40]. Por isso, devemos entender como o falsificacinismo pretende responder a duas questões clássicas da ciência: o problema da indução e o problema da demarcação.

*O problema (da indução) de Hume.* David Hume, em sua *Investigação sobre o entendimento humano*, observou que "todas as inferências a partir da experiência pressupõem, como fundamento, que o futuro será semelhante ao passado, e que poderes similares estarão em conjunção com qualidades sensíveis similares". Entretanto, ressaltou que "é impossível que argumentos a partir da experiência provem a semelhança do futuro com o passado". Então, "que lógica, que processo de argumentação" pode nos assegurar essa conclusão? Este *problema da indução* é o ponto de partida de Karl Popper para negar a lógica indutiva e afirmar uma teoria do *método dedutivo de prova*, como lógica da pesquisa científica.

Popper (2007, p. 27) considera equivocada a lógica indutiva propugnada pelas ciências empíricas que buscam validar seus enunciados universais a partir de enunciados singulares, o que "está longe de ser óbvio, de um ponto de vista lógico", porque independente de quantos casos se observem, isso não justifica concluir que todos os casos são e serão como pretendem os enunciados. As mesmas dificuldades permanecem no caso de substituir a indução pela probabilidade, deixando de falar em "verdadeiro" para falar em "provável" (*idem, ibidem*). Essa questão, contudo, não se deve confundir

---

[39] Embora o possam em relação às teses defensórias para as quais se tenham novas provas, sendo neste ponto procedente a crítica ao falsificacionismo inclusive na investigação dos crimes.

[40] Embora seja necessário entender que as objeções devem ser consideradas mais seriamente em outros campos de conhecimento da ciência policial.

com o problema que Popper considera ser de psicologia do conhecimento (não de lógica) acerca do ato de conceber uma hipótese, que é um estágio anterior que diz respeito a questões de fato, não à questão de justificação que lhe interessa (*idem, ibidem*).

Desta forma, Popper defende como lógica da pesquisa científica a "prova dedutiva de teorias" (*idem, ibidem*). O método deve partir de uma hipótese conjecturada, que pode ser comprovada logicamente: por comparação das conclusões segundo a coerência interna das hipóteses; por investigação da forma da hipótese, segundo verificação do seu caráter empírico; por comparação com outras hipóteses. É, contudo, com base na "comprovação por meio de aplicações empíricas das conclusões que dela se possam deduzir" que podemos concluir sobre uma hipótese, se as conclusões singulares se mostrarem aceitáveis. Neste caso, dizemos que a hipótese está corroborada, não que seja verdadeira ou mesmo provável, pois subsiste sempre a possibilidade de em outra aplicação empírica ser refutada.

*O problema (da demarcação) de Kant*[41]. Ante a inadmissibilidade da indução, Karl Popper sustenta que as teorias não são empiricamente verificáveis, mas sim falseáveis, devendo este ser o critério adequado para caracterizar a ciência. Popper adverte que apresenta o critério da falseabilidade como critério de demarcação, mas *não como critério de* significado, como pretende o critério da verificabilidade dos positivistas lógicos. "A falseabilidade separa duas classes de enunciados perfeitamente significativos: os falseáveis e os não falseáveis; traça uma linha divisória no seio da linguagem dotada de significado e não em volta dela" (2007, p. 42). Considera assim "a falseabilidade como critério de demarcação" da ciência, o que permite elaborar "um conceito de ciência empírica" que traça uma linha de demarcação entre Ciência e Metafísica (*op. cit.*, p. 40).

Nessa definição, releva-se a "experiência como método" (*idem, ibidem*), em que a "experiência" é considerada como método "por via do qual é possível distinguir um sistema teórico de outros". Assim, o que se pode denominar ciência empírica é o sistema que pretende representar o mundo da experiência, que se identifica pelo fato de ter sido submetido a provas e resistido a tais provas, pela aplicação do método dedutivo de provas.

---

[41] "Se, acompanhando Kant, chamarmos ao problema da indução 'problema de Hume', poderíamos chamar ao 'problema de Kant' o problema da demarcação" (Popper, 2007, p. 35)

Ao afirmar a falseabilidade como critério de demarcação, Popper (*op. cit.*, p. 42-43) insiste que "não existe a chamada indução" e as "teorias nunca são empiricamente verificáveis". Por isso não podemos usar a verificabilidade como critério de demarcação. Ou seja, não se exige que um sistema científico seja considerado válido de uma vez por todas, porque verificado, mas sim que "deve ser possível refutar, pela experiência, um sistema científico empírico". Assim, o que caracteriza o método empírico é o fato de expor-se a falsificação, pois o objetivo não é o de "salvar a vida de sistemas insustentáveis", mas o de selecionar o que se revele, comparativamente, o melhor (*idem, ibidem*). Essa concepção pode ser acolhida nas ciências policiais, especialmente no campo da investigação criminal, na medida em que suas conclusões se deparam, na fase processual, com a refutação probatória do réu, em virtude do contraditório judicial a que se submete a questão, pondo à prova a hipótese acusatória, antes de proferir-se uma sentença final acerca do crime.

## 1.2. A Pragmática da Investigação Científica

A concepção de Popper é um bom começo para abordar a ciência, mas não corresponde a toda a ciência. Além da perspectiva lógica, podemos abordar a metodologia da investigação científica segundo uma perspectiva pragmática, em que se ponha relevo não mais no contexto de justificação do conhecimento, mas no seu contexto de descoberta[42]. A abordagem pragmática, em contraste com a lógica que se preocupa apenas com o apoio empírico e a justificação racional do conhecimento, pretende não ignorar os meios pelos quais chegamos às hipóteses e teorias. É nessa perspectiva que Luiz Henrique de Araújo Dutra (2008) sustenta uma pragmática da investigação científica, segundo a qual *a atividade científica é essencialmente uma atividade de formular modelos, através de um conjunto de comportamentos que se encaixam em determinados contextos institucionais identificados como uma tradição científica*. Em sua abordagem pragmática, que podemos utilizar

---

[42] Luiz Henrique de Araújo Dutra (2008, p. 259ss) trata lógica e pragmática da investigação científica como tradições filosóficas da ciência, em que cada uma enfatiza aspectos do contexto de justificação ou do contexto de descoberta, o que nos permite falar de modelos diversos de abordagem da atividade científica, considerada como "atividade de levantar hipóteses, avaliá-las de diversas maneiras, inclusive testando-as empiricamente, e de aplicá-las para múltiplos usos, inclusive dar explicações e fazer predições".

como concepção possível para entender uma ciência policial, destacam-se os seguintes elementos essenciais: a concepção de conhecimento como ação; a ideia de modelo-réplica na atividade científica; e a relevância do contexto de investigação, em que se encaixam as ações de investigar. Mas se deve entender inicialmente e melhor o significado do termo "pragmática".

Luiz Dutra (2008, p. 262-263) entende por pragmática da investigação "uma classe de aspectos da investigação ordinariamente apresentados pela prática científica", entre os quais se encontram teorias, modelos, observações etc., com o que se pretende apenas uma compreensão parcial da atividade, mas não como uma perspectiva normativa de como se deve investigar. O que se pretende com uma abordagem pragmática é apenas "mostrar como alguns de seus aspectos mais salientes se apresentam nos contextos de investigações científicas". Nesse sentido, quanto à ciência policial, não se trata de apresentar um conjunto de etapas como roteiro prático de pesquisa, mas apenas de evidenciar as etapas mais gerais que podem nos guiar.

Na abordagem pragmática, assim, a investigação é um conjunto de ações, entre as quais a atividade de lidar com modelos é central, mas não suficiente, pois pressupõe determinadas instituições que asseguram o contexto de investigação. A respeito dessas instituições Luiz Dutra (2008, p. 277ss) nos oferece uma lista não exaustiva de elementos presentes em contextos científicos, que podemos observar igualmente no contexto das ciências policiais, com algumas considerações particulares, como se segue.

> "(a) um *dialeto* técnico, com *vocabulário* específico, inclusive contendo termos para espécies (naturais e sociais)" – na ciência policial, a linguagem legal se pode considerar um vocabulário técnico, especialmente os tipos penais, com referências à realidade natural e social através de termos especificamente jurídicos, sobretudo nas atividades de investigação criminal, embora em outras atividades possam aparecer vocabulário restrito, com é o caso da atividade de inteligência. O importante, sobretudo, é compreender que entre os elementos de uma ciência, encontra-se um vocabulário próprio que pode ou não estar em conexão com outra ciência.
>
> "(b) uma classe de *teorias* específicas e de *hipóteses* cosmológicas, que relacionam as noções correspondentes ao vocabulário técnico uma com as outras..." – a teoria analítico-jurídica do crime, na investigação criminal, por exemplo, interpreta o vocabulário técnico dos tipos penais, relacionando-o ao conjunto de categorias teóricas (tipicidade, ilicitude e culpabilidade) e

apresentando hipóteses interpretativas da realidade, com base em uma visão do mundo social regido por leis jurídicas (Estado de direito). Há, ainda, outras teorias subjacentes à ciência policial que decorrem da criminologia e outras ciências sociais, mas a ciência policial se desenvolve à medida que proponha suas próprias teorias.

"(c) uma classe de *modelos*[43], que instanciam as noções teóricas em situações possíveis do mundo descrito pela teoria" – embora rudimentares, podemos encontrar os modelos nos relatos acadêmicos de *modus operandi* de crimes anteriormente investigados, que requerem aperfeiçoamento para cumprir uma função metodológica heurística. Nesse ponto, deve-se ter em mente que cadernos didáticos de cursos de formação representam esboços de modelos de ação para o policial, na parte em que descrevem realidades do crime conhecidas por investigações passadas, servindo como esboços teóricos que orientam investigações futuras. Em geral, eles estão em conformidade com teorias criminológicas pressupostas ou mesmo conjecturadas de forma ainda rudimentar.

"(d) determinadas *predições e explicações*, por meio das quais os modelos acima mencionados podem ser comparados com situações reais" – embora na parte que se refere às perícias criminais possamos encontrar explicações regidas por enunciados nomológicos oriundos de diversas ciências, em geral a ciência policial apenas dispõe de máximas de experiência para explicação das situações reais. Nessa parte, o desejável seria que a ciência policial tivesse enunciados criminológicos em condições de explicar a variedade de crimes investigados, o que pode ser um caminho da investigação criminal como uma das ciências policiais.

"(e) procedimentos de *experimentação e observação*, por meio dos quais a comparação dos modelos com situações reais seja igualmente possível" – os meios de obtenção de provas previstos na legislação dispõem sobre procedimento de observação que permitem as diversas técnicas de investigação comparar modelos com situações reais. Nesse sentido, as diversas técnicas de investigação criminal podem ser compreendidas como técnicas de pesquisa policial ativa e dinâmica, em conformidade com um paradigma de investigação-ação orientado a solução de problemas.

"(f) uma classe de *instrumentos ou aparelhos* de observação e experimentação autorizados e certificados pelo programa de pesquisa" – nesse ponto, podemos considerar a autorização legal, implícita ou explícita, para a utilização de

---

[43] Um *modelo* pode ser entendido como o que "um mapa é para a passagem real". Jean-François Dortier (2010, p. 417) observa que, "do ponto de vista descritivo, ele apresenta através de um esquema simplificado os traços marcantes de uma realidade eliminando os detalhes 'inúteis'".

tecnologias que viabilizam algumas técnicas de investigação, como a interceptação telefônica e ambiental.

"(g) uma classe de *fatos* registrados e considerados relevantes para futura comparação com os modelos da teoria" – as estatísticas criminais são registros de crimes investigados, embora de forma quantitativa que talvez não permitam certas comparações; assim a comparação com modelos exigiria a consulta ao acervo de inquéritos, onde se podem encontrar registros mais detalhados de forma qualitativa. Uma forma de aperfeiçoar uma ciência de investigação criminal, nesse sentido, seria estabelecer formas de registros mais detalhados que possam atender a demandas investigativas futuras e comparações de modelos em situações concretas.

"(h) meios materiais que comuniquem todos os elementos acima em uma literatura científica própria" – é o que justifica as instituições estatais terem revistas científicas para divulgação em publicações com estudos na sua área de atuação, como se encontra em vários institutos de ensino policial.

O importante é entender que esses elementos institucionais são uma parte fundamental do contexto de uma investigação científica, que deve ser concebida com o "uma atividade essencialmente coletiva e dependente de um grupo" (Dutra, 2008, p. 281). São elementos necessários para construir o contexto científico. Por isso, segundo Luiz Dutra (*op. cit.*, p. 289), "a atividade científica pode se distinguir de outras não em virtude de seu modo de investigar, mas em virtude das instituições e dos contextos em que ela se encaixa". Ora, a questão que se põe quanto à ciência policial, então, é se existe (ou pode existir) um contexto científico, além do contexto jurídico fundamental em que se sustenta a atividade policial. Em certo sentido podemos responder positivamente, consideradas as particularidades da atividade. Podemos, assim, falar de uma comunidade científica de pesquisadores policiais, em parte existente, em parte ainda por constituir-se. É do que se tratará na Parte III dessa introdução às ciências policiais.

## 2. Ciência como Atividade Humana

Ao considerar a ciência sob a perspectiva pragmática, além da lógica que enfatiza os enunciados gerais, estamos a enfatizar o aspecto da atividade que antecede a formulação de teorias. No conjunto, não existe teoria sem ação prévia de conhecimento. A ciência é, portanto, antes de tudo, uma atividade humana. A "ciência como atividade humana" é enfatiza por George F. Kneller (1980) ao tratar do "cientista como pessoa" que possui responsabilidades e desenvolve sua atividade no âmbito de uma "comunidade científica", segundo certos "antecedentes sócio-culturais".

Kneller (*op. cit.*, p. 155ss) observa que, assim como outras pessoas, também os cientistas são impelidos por emoções, e em qualquer pesquisa é essa pessoa que raciocina, experimenta e conclui sobre a ciência. E se o resultado da ciência (os enunciados científicos) pode ser considerado sem emoção, não o pode seu caminho (a atividade científica). Dessa forma, certos fatores psicológicos da personalidade do cientista (conscientes e inconscientes) se transmitem à pesquisa científica, assim como se transmitem os antecedentes sócio-culturais. Admite-se, assim, que embora a Ciência seja mais raramente determinada por fatores externos, "ela é frequentemente influenciada por numerosos fatores que agem na cultura e sociedade de seu tempo, sobre os quais, por vezes, exerce alguma influência" (*op. cit.*, p. 204ss). Entre os antecedentes sócio-culturais, encontram-se "visões do mundo e ideologias", filosofias e religiões, não apenas "tradições científicas racionais". Também a opinião pública e o sistema educacional do país, a política e economia[44]. Mas certamente o fator de influência mais diretamente acessível talvez seja a comunidade científica em que se insere o cientista. A comunidade científica "é uma associação de pessoa que não estão vinculadas entre si por leis nem cadeias de comando, mas pela comunicação de informações – através de revistas especializadas, conferências, discussões informais e outros canais" (*op. cit.*, p. 182ss). O funcionamento das comunicações científicas é em geral coordenado por instituições, mediante certos mecanismos que asseguram o diálogo e buscam manter certos padrões de pesquisa, harmonizando interesses individuais dos cientistas com os compromissos coletivos da ciência.

No conjunto, todos esses fatores impõem ao cientista alguma responsabilidade. Kneller (*op. cit.*, p. 271) acredita que todo cientista "tem uma responsabilidade moral e social mínima e específica" que o impede de produzir ciência que tenha aplicações mais nocivas que benéficas. Em síntese, a ciência é uma atividade humana, envolvida em problemas humanos, seus

---

[44] Acerca de cada um desses fatores, cf. Kneller, 1978, em especial a influência também no sentido inverso, da ciência sobre a sociedade, seus modelos de conduta, força de produção e fonte de ideias.

interesses e projetos, que lhe conferem um sentido. Dessa forma, pode-se reconhecer a ciência como forma de solução de problemas.

## 3. Ciência como Solução de Problemas

Larry Laudan (1986, p. 39), em *O progresso e seus problemas*, sustenta expressamente que "a ciência é, em essência, uma atividade de resolução de problemas". Admite que a ciência possui uma ampla variedade de objetivos (controlar o mundo natural, buscar a verdade, utilidade social etc.), mas é a resolução de problemas que nos permite uma compreensão do mais característico da ciência (*op. cit.*, p. 40). Laudan desenvolve sua concepção de ciência a partir de duas teses fundamentais. De acordo com a *Tese 1*, a prova essencial de uma teoria é saber se proporciona soluções satisfatórias a problemas importantes; de acordo com a *Tese 2*, para valorar o mérito de uma teoria, é mais importante perguntar se constituem soluções adequadas a problemas que perguntar se são verdadeiras, se são corroboradas ou são justificadas de qualquer modo (*op. cit.*, p. 42).

Mas de que problema se trata? Laudan não acredita que os problemas científicos sejam diferentes de outros tipos de problemas, ainda que em grau talvez o sejam. Considera que se os problemas são o ponto central e constituem perguntas; as teorias são o resultado final e respostas do pensamento científico. O *propósito da ciência* consiste em "obter teorias com uma elevada efetividade na resolução de problemas" (*op. cit.*, p. 11). Os problemas, que são *empíricos* e *conceituais*, representam, respectivamente, exigências de correspondência e de coerência que esperamos das teorias (*op. cit.*, p. 13). Essa concepção de ciência considera que não há diferença fundamental entre ciência e outras "formas de indagação intelectual", pois todas pretendem dotar de sentido o mundo e nossas experiências; toda teoria, científica ou não, esta sujeita a compromissos empíricos e conceituais" (*op. cit.*, p. 21). A diferença entre ciência e não-ciência é de grau e não de tipo, embora entre certas ciências se utilizem "procedimentos vigorosos" de provas que não se utilizam nas não-ciências, mas esse aspecto não deveria ser considerado constitutivo do conceito de ciência.

Na ciência policial, podemos encontrar essas duas formas de problema. Tome-se como exemplo o conceito de crime organizado que, antes de ter uma definição legal, já tinha disposições processuais de investigação que implicavam medidas mais graves. Com a adesão do Brasil a tratados internacionais e revisão legislativa, esse problema parece ter diminuído, ao desenvolver-se o conceito de organização criminosa com base em teorias da divisão de tarefas. No entanto, a mesma espécie de problema conceitual está a girar em torno do conceito de terrorismo, para o qual a ciência policial pode oferecer estudos antes que tenhamos uma lei positiva bem delimitada. Quanto aos problemas empíricos, por sua vez, podem-se considerar todas as necessidades de descrição criminológica subjacente às investigações criminais como questões que exigem uma abordagem da ciência policial tendo em vista a atividade de polícia judiciária. Outro problema empírico pode surgir em torno dos limites do uso da algema, por suscitar dúvidas sobre em que circunstâncias fáticas (observáveis) se pode justificar o recurso à algema sem risco ao policial. Em suma, a ciência policial se pode entender como um conjunto de problemas para os quais busca apresentar soluções.

# PARTE 2
# OS DISCURSOS TEÓRICOS DAS CIÊNCIAS POLICIAIS

# 5. A Origem Teórica das Ciências Policiais

> *"A Ciência Policial consiste em ajustar todas as coisas relativamente ao estado presente da sociedade, em afirmá-las, melhorá-las e fortalecê-la, para que tudo concorra à felicidade dos membros que a compõem"*
>
> (J. H. G. von Justi)

## 1. A Ciência Policial de J. H. G. von Justi

A origem da Ciência Policial se encontra na obra de Johann Heirinch Gottlob von Justi (1717-1771), especialmente em seus *Elementos Gerais de Polícia* (1755). Este é o marco que elege Jairo Enrique Suarez Alvarez (2010, p. 22), com quem compartilhamos a opinião, embora se reconheçam objeções, tendo em vista que o conceito de polícia é muito anterior ao século XVIII. A tese de Jairo Alvarez, contudo, é convincente: a origem do fenômeno policial é simultânea à origem do Estado, mas é somente no Estado moderno que surge uma ciência relativamente à polícia. E o próprio von Justi assim considerou-se, como o primeiro a dar um sistema teórico ao tratamento da polícia, conforme sustentou no prelúdio de sua obra:

> A Polícia é uma Ciência tão pouco conhecida que eu ouso lisonjear-me de ser o primeiro que tenha dado a ela um sistema fundado sobre a natureza mesma da coisa, e quem a tenha tratado a fundo, e independente de todas as outras Ciências, que têm alguma relação com ela.

Assim, apesar das objeções, como conjectura histórica, parece-nos um bom começo, ainda que seja para um dia podermos refutá-la, quando alguém apresentar melhor explicação para a origem da Ciência Policial.

Anote-se, contudo, que, ao dizer que "a Polícia é uma Ciência", há nessa afirmação sentidos muito próprios atribuídos tanto à Polícia quanto à Ciência. Sobretudo, ao dizer que a Polícia é a própria ciência em si, devemos considerar isso como o fazemos ainda hoje em relação a outras ciências, como a Economia, a Política e o Direito, cujos nomes ora significam o objeto de estudo, ora significam a Ciência desse mesmo objeto.

No mais, é importante compreender que a Ciência Policial de von Justi situa-se histórica e geograficamente no Estado germânico do século XVIII, no qual se desenvolve a doutrina cameralista que sustentou o que viria a chamar-se Estado de polícia. Sobretudo, devem-se entender os *Elementos Gerais de Polícia* no conjunto unitário das Ciências de Estado. É como abordaremos o pensamento de von Justi, sem o que se tornaria incompreensível sua passagem à atualidade das Ciências Policiais.

## 2. Cameralismo e Estado de Polícia nas Bases do Pensamento de von Justi

O *Cameralismo*[45] situa-se no contexto histórico da formação do moderno Estado alemão, visando a objetivos imediatos de apresentar solução a problemas efetivos exigidos pela nova ordem constitucional. Nesse sentido, Pierangelo Schiera (2004a) explica-nos que o Cameralismo tem um significado historiográfico muito específico, embora comumente se lhe atribua um sentido mais amplo, para significar uma "concepção administrativa" do Estado. É nesse sentido que Omar Guerrero (1996), Professor da Universidad Autónoma del Estado de México, tende a interpretar a obra de von Justi[46], embora possamos tentar uma compreensão mais restrita, tendo em conta o significado do termo Polícia naquela época.

---

[45] O termo decorre de "Câmara", órgão privado do Governo, característico da fase do Estado patrimonial, através dos quais o príncipe administrava os próprios negócios, no período de luta contra as forças intermediárias e locais (Schiera, 2004a), embora o cameralismo reflita mais o período que se segue a esse momento.

[46] Como observa Pierangelo Shciera, trata-se de tendência que busca "descobrir as origens da ciência da administração nas primeiras recomendações referentes aos dispositivos burocráticos, feitas aos príncipes territoriais da Alemanha por expertos na arte de governar". No entanto, considera essa uma perspectiva desencaminhadora.

Schiera propõe que se considere o Cameralismo a partir de características típicas que se podem resumir a uma só – "globalidade na abordagem dos diversos temas da experiência política, dos quais se tenta uma reconstrução teórica unitária" – em consonância com a forma de Estado que se impõe naquela época: o *Estado de polícia*. Nesse contexto, portanto, congregam-se elementos não apenas da ciência da administração, mas igualmente de economia, finanças, técnica agrária e manufatura, tudo orientado a construir um pensamento cameralista unitário como base de uma nova ciência do Estado.

Na primeira metade do século XVIII, após a centralização do poder contras as castas territoriais do sistema feudal, durante o processo de racionalização do Estado, organizou-se uma incipiente burocracia, criando-se em volta do príncipe uma estrutura institucional unitária e centralizada. Nesse período, o interesse privado do príncipe se vê sendo substituído por um interesse mais amplo que necessitava de justificação objetiva e sistemática. Não bastava o estudo setorial de problemas que interessavam apenas às finanças do príncipe (sob a perspectiva do mero fiscalismo), ou ao funcionamento burocrático da administração (pela mera procura por bons funcionários), ou mesmo ao interesse mercantilista (desvinculado do campo político). Precisava-se de uma visão unitária. É nesse contexto que o Cameralismo aparece como resposta:

> Uma resposta que se deu dentro de certos limites cronológicos e com as necessárias aplicações práticas. Uma resposta decerto insuficiente sob muitos aspectos, contraditória, mas autêntica e, sobretudo, funcional. Uma resposta que facilitou, na Alemanha, a transição da arte de governar às modernas ciências do Estado (Schiera, 2004a).

Além de sua perspectiva prática, o Cameralismo adquire uma perspectiva acadêmica, com a instituição pelo rei da Prússia das primeiras cátedras de "ciências cameralísticas", nas Universidades de Halle e Frankfurt em 1727. Assim, o cameralismo assume um caráter de doutrina oficial, com dependência institucional do Estado. O cameralismo acadêmico permitia o ensino das ciências cameralísticas, econômicas e de polícia, visando à formação de funcionários do Estado. Nessas ciências, não se observaram, contudo, a introdução de novas técnicas, novas propostas de soluções ou mesmo novos campos de pesquisa; o que mais as caracterizou foi a unificação das diversas ramificações técnicas do pensamento político, em um sistema de significado unitário, dando-se assim uma explicação do funcionamento do Estado, unitário e centralizado, cada vez mais superior. Nesse sentido, compreende-se porque, entre as chamadas ciências cameralísticas, a que mais se destacou foi a ciência de polícia (cf. Schiera, 2004a), que assume o papel central do que se considerou o Estado de polícia. Em síntese, "a ligação estabelecida desde o início entre o Cameralismo e a forma histórica do Estado de polícia da Prússia não carece de razões". Devido às especializações das ciências cameralísticas, a ciência de polícia acaba se destacando como síntese de todas as demais, sustentando teoricamente o Estado de polícia, até que este se veja sucedido pelo Estado de direito.

Mas em que consistiu o *Estado de polícia*? Antes, deve-se entender que essa expressão é cunhada pela historiografia comprometida ideologicamente com o pensamento político-liberal, tendo adquirido antes um sentido pejorativo para significar uma forma que se deveria substituir pelo Estado de direito. No entanto, os historiadores liberais não se equivocaram ao identificar as características daquela forma de Estado, pondo relevo na atividade de polícia, embora se tenha precipitado na atribuição do significado de polícia, segundo o sentido que passamos a ter apenas posteriormente. Como observa Shciera (2004b), o papel desempenhado pela polícia nos territórios alemães era totalmente diverso, pois abrangia setores muito diferentes do que atualmente se atribui à atividade policial. Nesse sentido, explica o autor:

> O conjunto das intervenções e imposições do príncipe em tais setores, sempre mutáveis e novos, constituiu, em sua plenitude, principal instrumento com que o príncipe conseguiu realizar seu desígnio centralizador e, ao mesmo tempo, justificá-lo historicamente.

Em suma, a polícia consistia na publicação de normas que abrangia os mais diversos campos da vida em sociedade e que foram aos poucos adquirindo força de lei que se impunha ao direito tradicional. Ou seja, nesse contexto, "a polícia sintetiza substancialmente em si a nova 'ordem' do Estado". Por isso, falar em Estado de polícia nessa época representa quase uma expressão tautológica. A polícia visava ao *bem-estar* por meio da *ordem*, para garantir a felicidade, embora por instrumentos controversos que confundiam o bem-estar dos súditos com a prosperidade do Estado. A polícia, então, vem a ser definida como "conjunto das instituições criadas pelo príncipe para a realização do bem-estar dos súditos" (Schiera, 2004b). Para cumprir esse objetivo, o Estado acaba por escolher o fim que deve orientar os diversos setores da vida, inclusive o que diz respeito ao âmbito privado dos súditos. É contra esses aspectos controversos de um Estado paternalista que filósofos iluministas irão combater. E na expressão Estado de polícia "se queria abranger sobretudo o aspecto obsessivo e opressivo do intervencionismo estatal, e não a filosofia política, as finalidades complexas que lhe serviam de suporte" (Schiera, 2004b). Nesse sentido, é compreensível o peso pejorativo que a expressão carrega, embora limitativos. Os historiadores atuais, contudo, já não o vêem assim. Segundo Pierangelo Schiera (2004b):

> O significado pleno, global e ético do Estado de polícia torna-se indispensável, se quiserem compreender, à luz dos próprios problemas contemporâneos, um aspecto determinante da sua história, da história desse mesmo "Estado moderno" em que continuam a viver[47].

## 3. Os Elementos Gerais de Polícia como Ciência do Estado

Os *Elementos Gerais de Polícia* foram publicados originariamente em alemão (*Grundsätze der Policeywissenschaft, 1755*) e depois em espanhol (*Elementos Generales de Policía, 1784*, a partir da edição francesa de 1769, por vezes traduzido como *Principios de Ciencia de la Policía*). Posteriormente, essa obra passa a ser publicada com o título *Ciência do Estado*[48], no conjunto amplo da qual se deve entender a Ciência policial de von Justi.

A respeito do seu tamanho (obra compacta com 371 parágrafos), o autor se explica no prelúdio, dando-nos implícita sua noção de ciência, em conformidade com o ideal clássico de conhecimento que, partindo de uma regra geral, pretende deduzir todos os demais enunciados. Respondendo

---

[47] E em última análise, é fundamental para compreendermos a polícia e uma ciência policial no Estado democrático de direito.
[48] Esse é o título com que foi publicado por iniciativa do Instituto de Administração Pública do Estado do México, com importante estudo introdutório de Omar Guerrero, disponível integralmente em: http://biblio.juridicas.unam.mx/libros/libro.htm?l=1814

a críticas sobre o caráter de sua obra, von Justi explica-se que não entraria a detalhar o seu sistema. Ele supunha que, partindo do que se entende por Polícia, seria possível deduzir da definição três regras fundamentais, das quais devem dimanar todas as leis da Polícia. Pretendia, ademais, apenas estabelecer os princípios gerais sem fazer sua aplicação, o que se deveria realizar pelos práticos. Se estes não forem estúpidos e ignorantes (como assim observa von Justi), saberão fazer sua aplicação no tempo e lugar oportuno. Mas para isso, devem aplicar-se a conhecer o Estado e a natureza do País em que desejam aplicar. Por isso, não se interessa por tratar das diferentes espécies de Polícia que se observam em algum País ou Estado particular. Segundo von Justi, "o dever do escritor dogmático é convencer aos seus leitores por meio da verdade dos princípios que estabelece". Eis sua pretensão científica de sistema, como a estabelece no prelúdio da obra.

Dessa forma, na introdução, von Justi se aplica a estabelecer os *Princípios Gerais de Polícia*, dos quais deriva as demais regras que justifica a divisão da obra. Tratando de distinguir o significado antigo de Polícia (corrente entre os gregos e romanos) do significado que lhe é contemporâneo, von Justi explica que se pode entender a polícia em dois sentidos, um amplo e outro restrito. No sentido amplo, a Polícia compreendia as leis e regulamentos que concernem ao interior de um Estado, que servem a afirmar e aumentar o seu poder, a fazer um bom uso de suas forças para procurar a felicidade dos súditos. Ou seja, tudo que abrange o comércio, a fazenda, a agricultura, o descobrimento de minas etc. No sentido restrito, a Polícia compreende o que pode contribuir para a felicidade dos cidadãos, principalmente a conservação da ordem e da disciplina, os regulamentos que objetivam tornar a vida mais cômoda e a procurar as coisas que necessitam para subsistir. Esse é o sentido que, de certa forma, nos chegou e permanece. Mas é do sentido amplo, contudo, que von Justi pretende tratar, embora buscando distinguir a Polícia da Política, primeiramente, e das demais atividades do Estado, notadamente a Economia e as Finanças. No entanto, na última seção do último livro da obra, encontram-se questões que concernem ao que hoje consideramos polícia em sentido estrito, ao tratar-se da segurança interior do Estado, especialmente nos quatro últimos capítulos sobre a Administração da Justiça.

A principal distinção que estabelece, porque fundamental, é entre Política e Polícia, e o faz com base no objeto de interesse. Segundo von Justi, "o objeto da Política é afirmar, fortalecer e aumentar o poder do Estado proporcionalmente aos seus vizinhos", ou seja, uma questão de política externa; o objeto da Polícia, por sua vez, "é conservar e aumentar os fundos públicos, tanto como sua constituição interior pode permiti-lo", sendo isso distinto da função das Finanças, que é "manejar o dinheiro de modo que possa custear aos que estão encarregados do governo do Estado". Em suma, o objeto da Polícia, afirma von Justi, é "aumentar, pela sagacidade de seus regulamentos, o poder interior do Estado". Mas neste não se inclui apenas a República em geral, ou mesmo cada um dos membros que a compõe. Incluem-se, ainda, "as faculdades e os talentos de todos os que a pertencem". Logo, conclui von Justi, a Polícia deve ocupar-se inteiramente desses meios, e colocá-los a serviço da felicidade pública[49].

Desse conceito amplo de Polícia, decorre o de *Ciência da Polícia* que consistia em ajustar todas as coisas presentes na sociedade relativamente ao Estado para que tudo concorra à felicidade dos membros que a compõem. É daqui que surge a primeira regra fundamental da Polícia: *fazer servir tudo o que compõe o Estado ao aumento e à manutenção de seu poder e à felicidade pública*. A partir dessa compreensão, von Justi passa a fazer as deduções que considera decorrerem da primeira regra, com o que explica a divisão de sua obra em três livros: I – Da cultura da terra; II – Das regras que se devem observar para fazer florescer a Agricultura; III – Dos costumes dos súditos, da ordem e da disciplina que deve estabelecer-se entre eles.

Para termos uma ideia de como procede, consideremos como explica o conteúdo do Livro Primeiro. Consistindo o poder do Estado nos bens que pertencem não apenas à República, mas também aos membros que a compõem, especialmente o terreno dos povoados que devem servir ao bem da sociedade, segue-se que devem cultivar-se com todo cuidado possível, sendo isto matéria do primeiro livro que trata da ciência policial. Embora essa forma de interferência policial nas questões privadas possa nos causar estranheza no Estado de direito atual, devemos tentar compreender a questão à luz do tempo em que foi discutida[50].

---

[49] Note-se nesse caráter abrangente da Polícia, a estender-se sobre a vidas das pessoas, suas faculdades e talentos, aquela faceta do Estado de polícia criticado pelo pensamento liberal iluminista.

[50] Ademais, não podemos ignorar que, mesmo atualmente, questões similares se põem no âmbito da legislação ambiental que limita, proíbe e dirige de forma direta ou indireta o uso das terras particulares, com disposições normativas que legitimam o poder de polícia da administração pública.

No entanto, é no Livro Terceiro que se encontram disposições acerca do que atualmente podemos mais aproximar do sentido de polícia que conhecemos, embora de forma tal invasiva na esfera da vida privada que talvez seja a que mais contribuiu para a caracterização do que veio a chamar-se o Estado de polícia. É assim que von Justi explica-se: "para que os súditos possam contribuir ao bem público com seus talentos e sua indústria, convém velar sobre seus costumes a fim de que eles possam cumprir os deveres que a sociedade lhes impõe". Em síntese, trata-se de súditos (e não cidadãos) que devem aplicar-se a fazerem-se úteis ao Estado. Mas como nem todos os membros da sociedade são igualmente bons e virtuosos, deve velar por boas leis a segurança pública, contendo em suas obrigações os que quiserem contravir contra ela. Dessa máxima (como assim a considera von Justi), segue-se que a Polícia deve velar sobre *(a) os costumes dos súditos*, nestes incluídas religião e crenças; *(b) a conduta dos súditos*, nesta incluídas questões sobre a educação e aprendizagem de ofício, luxo, prodigalidade e mal uso das riquezas, além da ociosidade e mendicância[51]; e *(c) a segurança interior do Estado*.

É na Seção III, do Livro Terceiro, que encontramos as questões relativas à manutenção da tranquilidade e a boa ordem, prevenção dos crimes e das violências, sob a denominação de *Segurança Interior do Estado*, que está fundada sobre a Administração da Justiça. Eis a explicação que nos dá von Justi a respeito do tema: porque os homens estão sujeitos às disputas entre si, que é coisa danosa à segurança pública e à constituição da República, é conveniente que se ponha a decisão sobre suas diferenças na prudência do Soberano, ou à inteligência das pessoas que este estabeleceu para sentenciá-las. Em síntese, o modo como é administrada a Justiça influi sobre a felicidade do Estado, sobretudo porque tem relação com a ordem econômica[52]. Mas qual é a relação entre Administração da Justiça e Polícia? Enquanto a manutenção da Justiça pertence aos Tribunais, a Polícia tem o dever de fazer observar as leis que constituem o Direito público. Ou seja, é obrigação da Polícia prevenir tudo o que possa afrontar a tranquilidade

---

[51] Nesse ponto, devemos observar que a *Lei das Contravenções Penais* brasileira, ainda hoje, guarda em si questões que demonstram esse caráter policial do Estado, a nos exigir uma compreensão crítica das normas atuais.

[52] Essa é uma afirmação interessante, que merecer ser bem compreendida. A relação que, ao tempo de sua observação, tinha um sentido positivo, adquire hoje outro sentido negativo que nos demonstra a relação entre ideologia econômica e estrutura do sistema de justiça.

do Estado. Argumenta von Justi que, "sendo a Polícia o braço de que se serve o Soberano para fazer executar suas leis e suas ordenações, para a conservação da segurança pública, ela deve ser extremamente cuidadosa para evitar tudo o que possa turbá-la e feri-la".

Em conclusão, podemos entender que a Ciência policial de J. H. G. von Justi apresenta-se, incontroversamente, como Ciência de Estado, mas não como ciência exclusiva da administração, como pretendem certas interpretações, salvo se entendermos a polícia como essência da administração do Estado pré-moderno, cientes de que hoje se trata apenas de uma parcela do Estado. Em síntese, hoje não é a administração pública que é policial por essência, é a polícia que é administrativa, e como tal permanece a obra de von Justi como ponto de referência para a Ciência policial.

# 6. A Continuidade Teórica das Ciências Policiais

*"A Ciência Policial tem por objetivo o estudo sistemático e metódico da Polícia como Instituição e como estrutura"*

(Enrique Fentantes).

## 1. A Ciência Policial de Enrique Fentanes

Na América Latina, tem-se considerado Enrique Fentanes como pioneiro da Ciência Policial, ao sistematizá-la em seu *Tratado de Ciencia de la Policía* (1972), cujo *Tomo I* dispõe de *Introdução* e *Dogmática geral*. Embora o *Tomo II* não tenha sido escrito, após sua morte outros estudos foram publicados em 1979, sob o título de *Compendio de Ciencia de la Policía*, no qual podemos encontrar disposições importantes sobre matéria de Polícia Judiciária.

Enrique Fentanes foi Comissário Geral da Polícia Federal Argentina e professor de sua Escola Superior de Polícia. Em seus muitos anos de pesquisa, produziu vasta doutrina na área da Ciência Policial, com ênfase na *Ciencia de la Administración Policial* e na *Polícia Judiciária*, sobre a qual escreveu a obra *La Policia Judicial, Teoria y Realidad (1968)*. Em suas considerações sobre a Administração Policial, Fentantes a considerava como ciência unitária que deveria ter uma compreensão integral da Polícia em suas inter-relações com a cultural nacional, a nação, o povo, o Estado e o Governo, e demais estruturas sociológicas, jurídicas e administrativas. É com essa ampla compreensão que Fentanes apresentará seu *Tratado de Ciencia de la Policía* (1972), fundamentado no *institucionalismo* de Maurice Hauriou[53], da qual extrai a base com que pretende estruturar o sistema teórico da Polícia.

---

[53] A obra fundamental é Hauriou, M. *A teoria da instituição e da fundação*. Porto Alegre: Safe, 2009.

Mas o que Fentantes entendia, exatamente, por Ciência Policial? Seu conceito está concentrado no objeto de estudo que estabelece. Tanto no *Tratado* quanto no *Compêndio*, a Ciência Policial é assim definida: "A Ciência da Polícia tem como objeto o estudo sistemático e metódico da polícia como Instituição e como estrutura". Nesse conceito, encontramos implícitas as concepções de Ciência e de Polícia com que Fentanes aborda a Ciência Policial. Segundo ele, a denominação de Ciência implica afirmar que o estudo da Polícia assume a qualidade de conhecimento científico, considerado como um *sistema* de conhecimentos. Nessa concepção, evidencia-se, ainda, um ideal clássico de ciência. No entanto, admite Fentanes que o sistema não basta à Ciência, sendo necessária a universalização do seu objeto mediante um processo de abstração. Uma Ciência exige um *método* que deve ser próprio a cada uma das disciplinas que integram a Ciência Policial. Mas, sobretudo, uma Ciência solicita um *objeto*. Esse objeto é a Polícia, considerada como instituição e estrutura. Essa concepção nos leva diretamente à teoria institucional que Fentanes toma por base de seu pensamento.

## 2. A Base Teórico-Institucional do Pensamento de Fentanes

A Polícia, como objeto de conhecimento científico, é um objeto cultural, objeto que existe no mundo da Cultura, sendo esta considerada como tudo que é criado ou cultivado pelo homem segundo fins valorados. A Ciência Policial, dessa forma, seria uma ciência da cultura, como ciência de fato e normas, histórica, finalista e valorativa, que tem como objeto a Polícia como instituição. Toda a base da construção dogmática de Fentanes toma em consideração o conceito de instituição, o que faz segundo a teoria da instituição de Maurice Hauriou, especialmente seu trabalho *La theorie de l'institution et de la fondation, essais de vitalisme social* (1925). Nessa se encontra o conceito de instituição como uma *ideia de obra* e de empresa que se realiza e se mantém juridicamente em um meio social, por meio da organização de um poder e manifestações de comunhão por membros do grupo social interessado, dirigidas pelos órgãos do poder e reguladas por procedimentos (Fentantes, 1972, 29ss; Hauriou, 2009, 21ss). Essa teoria da instituição tem implicações tanto nos âmbitos sociais, quanto no direito privado, mas Fentanes se interessa mais especificamente pelo âmbito de aplicação no direito e instituições públicas, que se encontram nos *Princípios de Direito Constitucional* (1929) de Maurice Hauriou.

O pensamento de Hauriou evidencia especialmente as ideias de consenso consuetudinário que, embora tenha perdido espaço no âmbito do direito positivado (escrito em leis), conservou-se no âmbito das instituições políticas e sociais. Com base nessa ideia, Hauriou considera que o Estado não se sustentaria sobre um contrato social, ou mesmo sobre a constituição política, mas sobre o permanente "plebiscito cotidiano", no consenso consuetudinário que acaba por fazer dele (o Estado) um "velho costume". Com essa argumentação, Hauriou pretende sustentar uma antiga justificação do poder e do direito de governar: o poder é aceito de antemão pelos governados desde que esteja ligado a uma instituição em nome da qual se governa, e que ela mesma esteja aceita consuetudinariamente. Segundo Hauriou, essa justificação se impõe porque está em conformidade com os fatos, pois é um fato que o poder se exerce em nome de alguma instituição política. Não é o poder que se aceita, contudo, pela população, mas a instituição em nome da qual se exerce o poder. O que se aceita diretamente, portanto, é a instituição, sendo indireta a aceitação do poder, como representação da instituição. Assim, as leis constitucionais não significam nada como regras, mas somente tem significado como estatutos orgânicos de instituições. Em suma, a teoria da instituição de Hauriou fornece a base de fundamentação que Fentantes precisa para tratar da Polícia como instituição[54].

A partir das observações sobre a teoria institucional, Fentanes (1972, p. 34ss) segue considerando que a indagação ontológica da instituição é

---

[54] Não se pode, contudo, ignorar que, por trás da ideia de instituição, encontram-se concepções epistemológicas deterministas, em que, ao se evidenciar mais o consenso que o conflito igualmente existente na sociedade, pretende-se considerar que os indivíduos agem em consequência de um fato social anterior como pressão exterior que determina as ações individuais. Essa noção se pode encontrar na epistemologia de Durkhein (Coster, 1998). Ademais, deve-se considerar, atualmente, a tendência geral de "desinstitucionalização" suscitada por muitos sociólogos a partir dos anos 1980. Nesse sentido, "as instituições que enquadram o indivíduo – família, trabalho, Estado (polícia, exército, justiça) – perderam a autoridade e a ascendência sobre os indivíduos. Isso significa que os pais, o médico, o professor, o policial, o chefe de empresa etc. já não são autoridades indiscutíveis cegamente respeitas. A legitimidade de seu poder, de seu saber, pode ser discutida, posta em dúvida, contestada, relativizada" (Dortier, 2010, p. 135). É nesse ponto que surge a importância de uma nova ciência policial, fundada na justificação epistêmica da atividade policial, como veremos nos próximos capítulos, para além de um consenso suposto.

o único conceito adequado para significar a verdadeira essência da Polícia. É essa teoria que ele aplica à Ciência Policial para explicar a gênese e evolução da Polícia como instituição, nos seguintes termos:

1. Uma *função pública*, pré-estatal ou estatal, que corresponde a uma *ideia*, aparece na cultura da sociedade;
2. Originariamente, a função é cumprida por um órgão personalizado investido do poder público, dentro de um complexo funcional indiferenciado, ao que o autor chama de sincretismo funcional (*função sincrética*);
3. O poder exercido pelo órgão é aceito por consenso costumeiro, com o que nasce a *instituição*;
4. Com o passar do tempo, no seio do sincretismo referido, vão-se caracterizando distintas funções que por consenso se institucionalizam, com o que passamos a ter *funções institucionalizadas*;
5. As funções institucionalizadas vão progressivamente sendo atribuídas a órgãos do poder público personalizados, com o que se tem a fase de *instituição-órgão personalizado*;
6. De acordo com a natureza, extensão e complexidade crescente da função, forma-se um "corpo", um "órgão corporativo", titular do poder que em nome da instituição se exerce, com o que nasce a "instituição-órgão-corpo", ou *instituição-corpo*, igualmente aceita pelo consenso costumeiro.

## 3. Componentes Institucionais e Metodologia Proposta por Fentanes

É com base na teoria de Hauriou, portanto, que Fentanes (1972, p. 36ss) aborda teoricamente a Polícia como instituição, que, em síntese, pode-se compreender segundo vários componentes:

1. *Componente funcional*, considerando que toda instituição formou-se na Cultura como órgão de uma função, que corresponde a uma ideia (componente finalista ou teleológica);
2. *Componente histórico-cultural*, considerando que a instituição se forma ao largo de um processo histórico;

3. *Componente político*, considerando que a instituição é um órgão do poder público, do Estado;
4. *Componente jurídico*, considerando que a instituição é um órgão regido pelo direito, costumeiro ou escrito;
5. *Componente corporativo*, considerando que a instituição é um corpo de funcionários e agentes, organizados para cumprir uma função.

Partindo dessa multiplicidade de aspectos que compõe a Polícia, Fentanes (1972, p. 39ss) entende ser necessário determinar o método da Ciência Policial, sustentando que "o objeto determina, pois, os métodos". Ele sustenta que, no estado atual do pensamento científico, superou-se a tese de que uma ciência apenas se considera como tal quando tem um método característico e único de operar. Em suma, Fentanes admite o pluralismo de métodos para todas as ciências que enfocam seu objeto segundo distintos pontos de vistas. É nesse sentido que o autor se refere ao *método cultural*, que implica um processo cognoscitivo que pode ordenar-se em etapas ou fases, como uma série progressiva de procedimentos e técnicas. A primeira etapa seria de pesquisa, ou seja, observação e descrição dos fatos e das normas que se referem ao objeto da disciplina, embora deva realizar-se dentro de um "quadro sistemático, categorial e conceitual", estabelecido com base em uma teoria, porque "não se pode buscar sem saber o que e para que se busca". Na segunda etapa, o estudo do objeto deve dar-se sob distintos enfoques, em fases que integram o processo cognoscitivo. No caso de uma ciência da cultura, como é o caso da Ciência Policial, as fases devem acompanhar suas diversas facetas.

Daqui surge a *teoria das análises* como método cultural, com as seguintes fases analíticas propostas por Fentanes (1972, p. 47ss): 1. Análise da realidade cultural; 2. Análise histórica; 3. Análise normativa; 4. Análise finalista; 5. Análise valorativa. É como, em síntese, está dividido o Tratado, em seus vários capítulos[55].

---

[55] Quanto à análise valorativa, contudo, Fentanes pretendia dedicar o Tomo II do Tratado que não foi escrito, embora se possa encontra no último capítulo do Tomo I um parágrafo que trata dos "Fins e valores na Polícia".

## 4. Disciplinas da Ciência Policial e Matéria de Polícia Judiciária

A Ciência Policial, assim, tem como conteúdo uma teoria geral (princípio, leis e doutrinas) e as análises cultural, histórica, normativa, finalista e valorativa, combinada com aplicações técnicas e pragmáticas que devem dedicar-se ao estudo da Polícia como instituição, em sua estrutura (Fentanes, 1972). A primeira parte estuda a polícia como instituição, sendo o conjunto desse conteúdo denominado *Dogmática da Polícia*[56], que pode ser dividida em *Dogmática geral*, destinada ao estudo da Polícia em seus caracteres universais, e *Dogmática especial*, destinada ao estudo particular de uma instituição policial determinada. Em uma segunda parte, deve-se estudar a Polícia em relação com outras ciências filosóficas, sociológicas e políticas.

Fentanes ressalta, contudo, que a Ciência Policial não abarca todas as disciplinas técnicas policiais. Não inclui, portanto, todas as matérias nas quais aparece a Polícia atuando nos domínios gerais ou específicos do Direito ou da Técnica. Mas, poder-se-ia abarcar tudo no conjunto de uma "Enciclopédia das ciências e das técnicas policiais", concepção com que Fentanes pretende abranger: A) *A Ciência policial*, com a Dogmática da polícia; e B) *Disciplinas específicas*, nestas incluídas: *a) Direito orgânico geral* (estudo do direito positivo que regula o âmbito jurisdicional e funcional de uma Instituição policial); *b) Direito orgânico interno* (estudo do direito positivo, legal e regulamentar, que fixa os órgãos estruturais da instituição, estabelece as competências desses e regula sua relações); *c) Direito do pessoal* (estudo do regime legal e regulamentar do estatuto do pessoal da instituição); *d) Técnica da polícia* (estudo dos princípios, métodos e práticas desenvolvidos pela instituição para cumprir suas funções, estruturar sua organização e estabelecer seus serviços); *e) Direito processual penal policial* (estudo de tudo quanto corresponde à atuação da polícia no processo criminal); *f) Ciência e técnica da investigação* (estudo dos princípios das ciências naturais e sociais, das técnicas profissionais e aplicadas à investigação

---

[56] Referindo-se ao termo Dogmática, que colhe reconhecidamente da disciplina Dogmática penal, Fentanes explica-se que, embora tenha hesitado por algum tempo recorrer ao seu uso, "pode aplicar-se a denominação de Dogmática a toda disciplina de nível científico filosófico que não seja por inteiro criação de um autor, mas que, fundamentalmente, expressa uma doutrina coletiva ou institucional". É nesse sentido, que o autor espera ser entendido.

criminal); *g) Direito contravencional policial* (estudo do direito positivo que rege as contravenções de polícia)[57].

Embora esse extenso rol de disciplinas possa ser entendido à luz do sistema jurídico da Argentina, tendo em consideração competências de suas polícias, não se pode deixar de observar a relevância de sua sistematização, sobretudo como modelo que se pode aproveitar para a orientação de estudos policiais em outros países. Dentre as matérias de que trata com disciplinas específicas, devemos dar especial atenção ao que nos tem a dizer o autor sobre a Polícia Judiciária (Fentantes, 1979).

Fentanes (1979, p. 134ss) observa que a importância da Polícia Judiciária tem a ver com a questão dos direitos e garantias das liberdades, não se tratando de uma mera valoração justificada unicamente pelo espírito profissional. Por isso, a necessidade de a Ciência Policial abranger essa matéria. A partir dessa ideia, o autor apresenta um panorama programático do tema, com que pretende abranger seus distintos aspectos:

1. *O aspecto dogmático*, em que a Polícia Judiciária deve ser analisada como matéria da função de polícia do ponto de vista histórico, sociológico, cultural, jurídico, técnico e orgânico;
2. *O aspecto jurídico*, em que a Polícia Judiciária deve ser analisada como objeto do direito processual penal policial;
3. *O aspecto policial técnico-científico*, em que se deve evidenciar a ciência e técnica da investigação criminal;
4. *O aspecto criminológico e de política criminal*, em que a Polícia Judiciária aparece como componente do sistema de defesa social[58] e luta contra a criminalidade;
5. *O aspecto técnico-orgânico*, em que a Polícia Judiciária aparece como serviço geral ou específico da polícia;
6. *Polícia judiciária e política legislativa, administrativa, judiciária e doutrinária*, em que se devem afastar as incompreensões existentes na

---

[57] Em acréscimo, Fentanes observa que, para a maior parte das disciplinas, deve-lhes servir de auxílio a História da Polícia.

[58] A doutrina da defesa social é problemática, mas não nos devemos esquivar de estudá-la e compreender como ela está infiltrada no sistema jurídico-penal, ainda que para criticá-la. Uma boa noção da defesa social se pode encontrar na obra de Alessandro Baratta, *Criminologia crítica e crítica do direito penal* (2002).

legislação, administração e justiça, bem como entre juristas, sobre a polícia judiciária;
7. *Polícia judiciária e política institucional*, em que se devem estabelecer a forma, oportunidade e alcances da ação a seguir para afirmar a Polícia Judiciária nos contrastes com os fatores negativos observados no ponto anterior.

Entre os pontos do programa de Fentanes que nos revelam a perspicácia de seu pensamento, encontra-se a relação que estabelece entre Polícia Judiciária e aspectos criminológicos e político-criminais, especialmente pela compreensão que nos oferece sobre a relação entre os fins do direito penal e fins da investigação criminal. Em especial, devemos observar sua crítica sobre o conceito de Polícia Judiciária como polícia repressiva, em contraste com a polícia preventiva de segurança pública, tendo em vista que as teorias penais já não admitem a fundamentação retributivista. Por isso, considera anacrônico o dualismo prevenção-repressão, sustando a impossibilidade técnica de separar a prevenção da repressão, devendo a Polícia Judiciária incorporar meios de exercícios preventivos, especialmente nos serviços de investigação. O que, em síntese, Fentanes pretende, sem o dizer expressamente, contudo (embora se refira à "informação"), é chamar a atenção da Polícia Judiciária para a necessidade de uma atitude estratégica de ação, que já podemos observar nas atividades dos serviços de inteligência policial, sobretudo na criação de base de dados que permitam acompanhar as mudanças qualitativas e quantitativas da criminalidade (a respeito disso, Fentanes chega a falar de "arquivos de antecedentes").

As ideias de Fentanes prosseguem na discussão da investigação criminal, demonstrando sua adesão a certas e específicas teorias penais, com as quais podemos concordar ou discordar em alguns pontos, mas não podemos deixar de captar em seu pensamento a profundidade das relações que estabelece entre a atividade da Polícia Judiciária e as ciências criminais (direito penal, direito processual penal, criminologia e política criminal). Em suma, uma Ciência Policial não se pode compreender à revelia das ciências orientadas ao conhecimento fático e à valoração ético-política do fenômeno criminal.

# 7. As Ciências Policiais na Colômbia

> *"Diferentemente de todas as demais ciências sociais, a ciência policial é talvez aquela que deve explicitar abertamente sua concepção ética sobre a vida e o tipo de mundo que pretende em seus fins últimos"*
>
> (Jairo Alvarez)

## 1. As Instituições Acadêmicas da Polícia Nacional

A Ciência Policial na Colômbia vem sendo desenvolvida por teóricos da Polícia Nacional, policiais e pesquisadores vinculados, a partir de instituições de ensino congregadas sob a *Direccion Nacional de Escuelas*, cuja missão é "dirigir a formação integral do talento humano da Polícia Nacional, através do Sistema Educativo Policial, em cumprimento das funções de docência, pesquisa e projeção social, com o fim de contribuir à satisfação das necessidades de segurança e convivência cidadã" (art. 1º do Estatuto Geral – Resolução n. 03856, de 07/12/2009).

Para cumprimento de sua missão, a Direção Nacional de Escola dispõe de ampla estrutura (art. 5º do Estatuto Geral), na qual se encontram, submetidas a uma Vice-Reitoria Acadêmica, nove Faculdades: de Administração Policial (FAPOL); de Investigação Criminal (FACRI); de Estudos em Serviço de Polícia (FASEP); de Ciências Jurídicas (FACJU); de Estudos Ambientais (FESAM); de Segurança Pública (FASPU); de Ciências da Educação Policial (FAEDU), no qual se encontra o Centro de Formação Docente (CEDOP); e de Segurança Viária (FASVI). Algumas faculdades dispõem de conjunto de cursos de graduação, especialização e mestrado.

Além da Vice-Reitoria Acadêmica, a Direção Nacional dispõe de Vice--Reitoria de Educação à Distância e Continuada; Vice-Reitoria de Pesquisa, Vice-Reitoria de Projeção Social; e Vice-Reitoria Administrativa e Financeira.

A Direção Nacional dispõe, ainda, de 25 (vinte e cinco) unidades desconcentradas, chamadas "comunidades educativas", instituídas na forma de Escolas por todo o território colombiano, entre as quais se encontra uma que nos interessa mais especificamente – a *Escuela de Postgrados de Policía "Miguel Antonio Lleras Pizarro"* (ESPOL), situada em Bogotá. Criada em 1993, essa Escola tem como missão o aperfeiçoamento profissional por meio de programas de pós-graduação, publicação e atividades de pesquisa em torno da Ciência Policial. Essa Escola dispõe de cursos de especialização em Direito de Polícia, Gestão Ambiental, Gestão Territorial da Segurança e Segurança Integral, além de Mestrados em Criminologia e Vitimologia, e Segurança Pública. É ela que tem promovido *Congressos Internacionais de Ciência Policial* – o *primeiro* ocorrido em 28, 29 e 30 de Outubro de 2009; o *segundo* em 5, 6 e 7 de Outubro de 2011; e o *terceiro* em 2, 3 e 4 de Outubro de 2013, todos em Bogotá. É dela, também, que provêm publicações de obras sobre Ciência policial, que passaremos a analisar sucintamente: o *Direito de Polícia*, de Miguel Lleras Pizarro; e *La Ciencia de Policía: un Estado del arte*, de Jairo Enrique Suarez Alvarez.

## 2. O *Derecho de Policía* de Miguel L. Pizarro

A perspectiva jurídica da Ciência Policial tem permanecido como uma concepção indissociável dos estudos da polícia em alguns países. Embora se deva entender que a perspectiva jurídica não esgote o estudo da polícia, nem mesmo nos permita compreendê-la em sua realidade, mas apenas em sua idealidade[59], é efetivamente uma perspectiva indispensável, na medida em que nos permite abordá-la segundo o conjunto do ordenamento jurídico como sistema, nas relações que deve ter com outros ramos do direito. É nesse sentido que podemos considerar o *Derecho de Policía: Ensayo de una Teoría General*, de Miguel Lleras Pizarro[60].

No prefácio, Miguel Pizarro (2009, p. 19ss) observa que o estudo das questões jurídicas atinentes à Polícia foi por muito tempo lamentavelmente subestimado, não se tendo percebido a Polícia como uma das mais

---

[59] Entenda-se, com isso, que o direito não é uma ciência do ser, mas do dever-ser.
[60] A obra é oriunda de sua tese de doutorado apresentada na Faculdade de Direito e Ciências Políticas da Universidade Nacional da Colômbia, em 1943.

importantes manifestações do direito público moderno. Com essas considerações, o autor pretende reabilitar o estudo da polícia, não mais como capítulo incidental do Direito Administrativo, mas como ramo autônomo da Ciência Jurídica, com princípios próprios e problemas bem específicos. Nesse sentido, embora considere imperfeita sua obra, admite o autor, pretende seja ela completa, ao apresentar o programa de uma teoria geral, mais descritivo que crítico.

Miguel Pizarro (2009, p. 33ss) principia sua obra com uma distinção entre *regime de fato, regime de direito* e *regime de polícia*. Trata-se de distinção formulada por tratadistas de Direito público. No *regime de fato*, prevalece a lei do mais forte. No *regime de direito*, prevalece a lei de garantia de direitos, estando os cidadãos apenas submetidos às sanções por violação das normas. É somente no *regime de polícia* que se admitem limitações preventivas dos direitos. Contudo, observa o autor muito atentamente que o regime de polícia é uma consequência do direito, já que sua existência não pode conceber-se independentemente, nem se pode imaginar uma organização social submetida exclusivamente ao regime de polícia, pois a prevenção é uma situação excepcional, que se justifica por razões de convivência social orientada a facilitar a mais perfeita realização do direito. O autor tem, assim, em vista a função preventiva da Polícia. É um direito de polícia voltado essencialmente à Polícia de segurança pública.

Para Miguel Pizarro (2009, p. 37), há um equívoco em falar de Polícia com função repressiva, como atividade desenvolvida após a comissão de um delito, orientada a buscar, capturar e conduzir aos tribunais os supostos responsáveis. Estas operações de colaboração na repressão penal não são características da polícia, nem lhe são próprias. A ideia de uma Polícia Judiciária, portanto, decorre do fato de que tais operações são desempenhadas pelo mesmo corpo de polícia – é o que entende Pizarro, e temos que lhe conferir alguma razão, embora devamos lhe fazer algumas objeções.

De fato, a Polícia Judiciária não exerce uma função típica de polícia, sendo sua atividade mais judiciária que policial. Esse é um problema que concerne à natureza constitucional dos órgãos do Estado. No Brasil, por exemplo, embora a polícia judiciária esteja prevista nas disposições constitucionais relativas à segurança pública, não é a mesma polícia de segurança pública que exerce as funções de investigação como ocorre em outros países a exemplo da Colômbia. E Fabio Konder Comparato já havia chamado a atenção para essa questão, ao expressar seu entendimento em proposta de Emenda Constitucional, na qual sustenta que a Polícia Judiciária deveria ser inserida no Capítulo "Das funções essenciais da Justiça", sendo excluída do Capítulo "Da segurança pública". A questão é que às ciências policiais não interessa tanto a posição que a Polícia Judiciária ocupa no regime constitucional, tampouco o fato de exercer sua função a título próprio administrativo ou a título de auxílio de uma função jurisdicional, pois enquanto lhe competir realizar materialmente os atos de investigação criminal, estes se remetem a problemas policiais que interessa à Polícia como instituição resolver no âmbito de sua ciência específica, estejam as suas discussões jurídicas no âmbito do direito âmbito administrativo ou processual penal.

Portanto, apesar das críticas de Miguel Pizarro, com que podemos concordar nos termos acima referidos, permanece o *Derecho de Policía* como obra de grande valor acadêmico inclusive para as atividades de Polícia Judiciária. A sua relevância está, segundo entendemos, na formulação de um programa racional de análise do Direito de Polícia, com base na distinção entre *fins, motivos e meios*, com os quais dispõe as partes da obra. Ao tratar dos fins, aborda o tema da ordem pública, sob as perspectivas da tranquilidade, segurança e salubridade públicas (primeira parte); ao tratar dos motivos, aborda temas sobre crimes e contravenções (segunda parte); ao tratar dos meios, distingue entre os jurídicos e os materiais (terceira parte).

É, contudo, na parte seguinte, sob o título "o objeto de polícia" (quarta parte), que se encontra a sua melhor abordagem, ao tratar de todos os direitos e liberdades fundamentais, na sua relação com a atividade policial, com discussões sobre exceções ao princípio da igualdade. Por fim, em sua quinta parte, a obra trata do controle de legalidade e responsabilidade. Essas questões interessam igualmente ao estudo da Polícia Judiciária, embora devam ser feitas à luz do direito positivo de cada sistema jurídico. No entanto, como dissemos, subsiste o valor programático da abordagem acadêmica que se encontra no *Derecho de Policía*, de Miguel Lleras Pizarro.

## 3. Outros Pensadores da Ciência Policial na Colômbia

Além de Miguel Lleras Pizarro, a Colômbia conta com outros pensadores da Ciência Policial, merecendo referência os seguintes nomes:

a) *Fabio Arturo Londoño Cárdenas* aborda a Ciência Policial a partir também do Direito de Polícia; considera a Ciência Policial como estudo sistemático e metódico do ente polícia, suas causas, evolução e princípios; considera-a como Ciência Jurídica e Ciência Social (ciência jurídico-policial), que tem como fim a convivência democrática e como objeto a liberdade do homem com sua dignidade; apresenta como critérios para o estudo da polícia a necessidade de uma visão multidimensional (histórica, cultural, sociológica, política, econômica e filosófica); e evidencia a relevância do desenvolvimento da própria linguagem da Ciência Policial.

b) *Miguel Antonio Gómez Padilla* aborda a Ciência Policial tendo em consideração os problemas da profissionalização e da cultura policiais; reconhece o caráter interdisciplinar da Ciência Policial, dando ênfase, contudo, ao aspecto jurídico-político de seu objeto; considera que a Ciência Policial tem como fim assegurar o exercício das liberdades e dos direitos para permitir a convivência; tem a convicção de que a educação e a profissionalização dos corpos de polícia são condições essenciais para edificar tanto a cultura como a ciência policial.

c) *Miguel Alejandro Malgón Pinzóniu,* por sua vez, aborda a Ciência Policial a partir do Direito Administrativo e sustenta a hipótese de que o nascimento da Ciência Policial na América Espanhola tem relação muito íntima como a conquista e a colonização das Américas, pelo processo histórico de civilização; nesse sentido, considera que "viver em polícia" significava viver civilizadamente, cumprindo e obedecendo as ordenações da Coroa Espanhola, com toda sua carga de doutrina católica.

d) *Jorge Muñoz Artunduaga*, por fim, aborda a Ciência Policial como sistema do macrossistema do Estado, propondo uma abordagem sistemática da polícia, composta de subsistemas e microssistemas, e imersa em um sistema maior que é o Estado.

Essas são, em síntese, as ideias fundamentais desses pensadores. Uma melhor exposição se pode encontrar na terceira parte da *Ciencia de Policía*, de Jairo Enrique Suarez Alvarez. No entanto, interessa-nos mais precisamente expor a obra desse pensador, por considerarmos uma das melhores introduções às Ciências policiais, de que temos conhecimento, embora possamos não concordar absolutamente com todas suas ideias. A importância da obra fundamental de Jairo Alvarez está em sua metodologia aproximativa da teoria política.

## 4. A *Ciencia de Policía* de Jairo E. S. Alvarez

Jairo Enrique Suárez Alvarez, licenciado em Filosofia e Letras, é pesquisador do *Centro de Pensamento Policial*, da Escola de Estudos Superiores de Polícia, da Polícia Nacional Colombiana. Seu livro fundamental, *Ciencia de Policía: Un estado del arte*, publicado em 2009, constitui obra-síntese do pensamento policial, por abordar esta ciência desde seus antecedentes históricos até a atualidade, embora enfatize o seu desenvolvimento mais na América Latina, e em especial na Colômbia. Não se trata, contudo, de obra de interesse exclusivamente histórico, nem local, pois em mais da metade dela o autor desenvolve um pensamento próprio acerca da Ciência policial, que transcende a realidade da polícia colombiana. Trata-se de obra realmente original, no campo dessa ciência, por ter trazido à compreensão a diferença entre uma antiga e uma nova Ciência policial.

A obra é dividida em quatro partes. Na primeira, trata dos antecedentes da Ciência policial, na qual discute a origem e o desenvolvimento do que considera a antiga ciência de polícia, especificando os sentidos do termo polícia e analisando o objeto da Ciência policial dessa época. Na segunda parte, aborda o que considera uma nova Ciência policial, apresentando suas expressões na Europa e nos Estados Unidos, bem como na América Latina. Nas duas partes seguintes, o autor se dedica a tratar da Ciência policial na Colômbia, uma delas para os demais pensadores que o antecedem, a outra para expor seu próprio pensamento a partir da filosofia política.

Ao tratar da *antiga Ciência policial*, Jairo Alvarez a situa entre os séculos XVII e primeira metade do século XX, quando considera que surge uma *nova Ciência policial*. Sobretudo, o que muda nessa distinção é o próprio conceito de polícia, além da concepção da ciência, como já fizemos observar nos capítulos iniciais desse livro. Ademais, nesses capítulos iniciais, abordamos o pensamento de dois teóricos do conhecimento policial – Justi e Fentanes – que de certa forma representam dois modelos distintos da Ciência policial. No entanto, como observa Jairo Alvarez (2009, p. 41ss), o interesse pelo conhecimento científico policial ressurge também em decorrência de dois fatos contemporâneos – um na segunda metade do século XX, com o fim da segunda guerra mundial; o outro no início do século XXI, após 2001, devido aos ataques de "onze de setembro". Com o primeiro, renasce o discurso sobre progresso e reconstrução das nações afetadas, com o novo sentido de polícia, nas suas relações com o desenvolvimento político e social. Com o segundo, renasce o discurso da segurança e luta contra o terrorismo em todas suas formas, exigindo da polícia a geração de conhecimentos científicos para enfrentar antecipadamente os riscos das novas ameaças locais e globais, bem como todos os problemas que atentam tanto contra a convivência pacífica no interior do país, quanto os que decorrem da emergência dos delitos transnacionais.

Falando dessa nova Ciência policial que se constitui nesse novo contexto político-social, Jairo Alvarez (2009, p. 81ss) observa muito atentamente que se esboça uma concepção científica bem diversa do que se costuma encontrar no discurso exclusivamente acadêmico, embora não se trate, é certo, de estudo exclusivo da comunidade policial, pois encontra pesquisadores externos à polícia empenhados em seu desenvolvimento[61]. Sobretudo, interessa observar nessa ciência que:

> Diferentemente de todas as demais ciências sociais, a ciência policial é talvez aquela que deve explicitar abertamente sua concepção ética sobre a vida e o tipo de mundo que pretende em seus fins últimos. Diferentemente de outros cientistas sociais que devem dissimular sua inclinação ideológica, ou parecer "neutros" ou "objetivos" diante de certos fenômenos da realidade humana, a personalidade do cientista policial, sem desmerecer esses critérios epistemológicos, orienta com nitidez seu rumo metodológico e afina coerentemente suas estratégias de conhecimento, porque sabe bem até onde vai, qual é seu fim e o sentido de seu trabalho sistemático: contribuir para a convivência.

---

[61] Exemplo disso é o próprio autor que, embora pesquisador da Polícia Nacional Colombiana, não é policial. O mesmo se pode dizer de Patrício Tudela Poblete da Universidade do Chile e pesquisador da Academia Superior de Estudos Policiais em seu país.

Na quarta parte da obra em que se dedica mais a expor seu próprio pensamento, Jairo Alvarez (2009, p. 109ss) a dispõe de forma sistemática, dividindo-a em três capítulos, assim dispostos: I. A Ciência policial a partir da Filosofia política (Capítulo V); II. Fundamentos do conhecimento policial (Capítulo VI); III. Perspectivas metodológicas da Ciência policial (Capítulo VII). Vejamos sumariamente essas ideias.

## 4.1. Ciência Policial, Problemas Humanos e Convivência

Jairo Alvarez (2009, p. 112ss), no Capítulo V de sua obra, inicia abordando as relações entre os diversos problemas humanos (pobreza, violência, doenças, degradação ambiental, corrupção, desastres naturais) e a Polícia. Sustenta que todos esses problemas afetam direta ou indiretamente a convivência (considerada fim da ciência policial), devendo, portanto, a Polícia aumentar seu conhecimento multidimensional sobre as causas e efeitos dessas realidades, em nível local e global. Considera, ainda, que o conceito de convivência deve ser integrado por quatro categorias (segurança, tranquilidade, moralidade e ecologia)[62], embora a segurança seja o conceito policial predominante na linguagem oficial. Por fim, observa que a Polícia tem uma estrutura complexa, pois embora administre e execute as funções policiais, não é quem regula os direitos e as liberdades das pessoas.

Nesse sentido, entende-se a relevância que atribui o autor ao tratar das relações e diferenças entre Polícia e Política. Ao buscar a reconstrução do conceito de polícia, Jairo Alvarez (2009, p. 119ss) sustenta que o termo teve três sentidos diferentes: um político (associado ao exercício do poder), um jurídico (tendente à regulação social) e outro administrativo (relativo ao manejo técnico dos assuntos públicos). Portanto, observa muito adequadamente que a transformação desse conceito decorre da transição do próprio Estado, desde o monárquico até o Estado de direito. Contudo,

---

[62] Ao tratar da "ecologia" como categoria da convivência, o autor consegue situar a atividade policial no âmbito de um problema atual, questionando-se sobre o papel da polícia na questão ambiental contemporânea. Nesse ponto, cumpre observar que se trata de questão efetiva com que a Polícia Nacional Colombiana se tem deparado, em virtude do que dispõe de Faculdade voltada aos Estudos Ambientais (tecnólogo) e especialização em Gestão Ambiental. Na Colômbia, essa questão está intimamente relacionada com áreas de plantio de coca, sendo a gestão ambiental uma forma de abordagem mais ampla da questão – para além de uma solução policial, busca-se uma solução social para o problema.

sustenta que a modificação é mais formal que de conteúdo, sendo possível asseverar que a Polícia, como antiga forma de organização social e como corpo materializado nas instituições atuais, mantém seu sentido político, porque ela ainda "é e representa o Estado em ação", ou seja, ela é "aquela parte tangível da relação entre Estado e sociedade".

O capítulo se conclui com abordagem da relação entre Filosofia política e Ciência policial, em que Jairo Alvarez (2009, p. 155ss) chama a atenção para as tendências do pensamento político contemporâneo (liberalismo libertário, igualitário e democrático; socialismo; republicanismo; comunitarismo etc) e suas consequências no pensamento policial, ou seja, como a polícia é considerada em sua função segundo cada concepção política. Com base nessa ideia, o autor elabora um quadro deveras importante sobre as relações entre atividade policial e tendências da filosofia política.

## 4.2. O Conhecimento Policial, Níveis e Disciplinas Afins

Jairo Alvarez (2009, p. 163ss), no Capítulo VI de sua obra, dedica-se a discutir exclusivamente os fundamentos da Ciência policial, apresentando o que denomina uma "teoria do conhecimento policial". Inicialmente, observa que a "polícia é uma instituição que possui um importante conhecimento da sociedade", pois ela presencia, ao vivo e diretamente, os fatos mais variados e significativos da vida social. No entanto, levanta a seguinte questão: como sistematizar e processar esse conhecimento? Para além dos manuais de formação e procedimentos, qual o fundamento desse conhecimento policial? E mais que isso: sob que condições pode esse conhecimento chegar à cientificidade?

Nesse capítulo, o autor demonstra toda sua formação filosófica, ao apresentar a Ciência policial como confluência de uma ontologia (sua essência), uma gnosiologia (seu conhecimento) e uma metodologia (seus métodos) próprias[63]. É com base nesse discurso apurado que o autor afirma que "formalmente não existe teoria do conhecimento policial (gnosiologia policial)", embora, paradoxalmente, exista um conhecimento policial sem teoria científica, ou seja, sem uma fundamentação epistemológica

---

[63] A respeito disso, cumpre entender, sobretudo, que o autor segue uma tradição de abordagem que se encontra no pensamento policial colombiano, a exemplo da obra *Esbozo de una Teoria General de la Ciencia de Policía*, de Fabio Arturo Londoño Cárdenas.

ou filosófico-científica. Apesar disso, todas as polícias do mundo fazem seu trabalho, algumas com mais apoio científico que outras. Em suma, como observa o autor, o conhecimento policial é um tema desconhecido, admitindo ser estranha a sua própria enunciação ao âmbito acadêmico, embora sustente que necessariamente existe esse conhecimento, ainda que a partir das ciências que se supõem à atividade policial, a exemplo das ciências jurídicas, administrativas, econômicas, estatísticas etc. Nesse sentido, sustenta ser possível falar de um conhecimento policial segundo a concepção jurídico-política da Polícia, que consiste no conhecimento (jurídico-político) multidimensional da sociedade e do Estado. "Multidimensional" aqui significa, segundo o autor, que "os componentes jurídico e político dependem da cultura, da história, das crenças, da economia, do desenvolvimento tecnológico e da concepção ecológica da sociedade". Por isso, trata-se de conhecimento amplo que, embora pertencente ao âmbito policial, encontra-se disperso nos diversos campos de conhecimento que convergem para os assuntos de governo e direção da sociedade. Com essa compreensão, Jairo Alvarez (2009, p. 172) sustenta que um dos caminhos e desafios da ciência policial é "articular os aspectos chaves desse variado campo multidisciplinar e gerar conhecimento científico policial para resolver melhor os problemas sociais de sua competência".

Nesse sentido, considera que o conhecimento policial, cujo *sujeito* é o funcionário policial e cujo *objeto* é a realidade em que atua, pode ser abordado em três níveis: o educativo policial, o científico e o filosófico. O *nível educativo* corresponde tanto ao conhecimento que todos os membros da sociedade têm relativamente à organização política, ao tipo de Estado, seus fins e meios, quanto ao conhecimento que se ministra na formação acadêmica do policial. O *nível científico*, por sua vez, consiste no estudo sistemático da polícia, entendido como universo de instituições, fatos e significações que envolvem o fenômeno policial. O *nível filosófico*, por fim, compreende o pensamento ideológico que orienta e rege a doutrina policial, sustentando o autor que existe uma "filosofia policial" que trataria do "pensamento ideológico" correspondente, entendido este como o sistema de crenças que tem a Polícia sobre o indivíduo, a sociedade e o Estado, a partir de princípios, valores e virtudes. Com essas concepções, Jairo Alvarez (2009, p. 178ss) segue tratando do conhecimento policial, sob a perspectiva da gnosiologia, para falar das relações que pode ter esse conhecimento com questões clássicas (dogmatismo e ceticismo; racionalismo e empirismo;

realismo e idealismo etc.), e concluir que "qualquer pretensão científica se estrutura mediante uma teoria do conhecimento" (ou seja, deve dar resposta sobre *quem conhece, o que conhece* e *como se conhece*), o que permite identificar as diversas formas com que o conhecimento policial se apresenta.

O autor conclui o capítulo, então, tratando do conhecimento científico policial, o qual entende como "a linguagem rigorosa e sistemática que explica e compreende os fenômenos do mundo policial". Na formação dessa linguagem, Jairo Alvarez (2009, p. 194ss) considera dois sentidos possíveis: (i) a partir da polícia como objeto de conhecimento; e (ii) a partir da polícia como sujeito de conhecimento. Acerca desses dois sentidos, o autor adverte que, embora necessário que a polícia se estude a si mesma (como objeto), é fundamental que gere novos conhecimentos sobre a realidade social (como sujeito).

Tendo em conta essa diversidade de perspectivas, o autor apresenta o conjunto de disciplinas que tem o conhecimento científico policial como núcleo central a partir do qual se articulam ciências anexas ou dependentes da Ciência policial, divididas em: *(a) ciências sociais* (filosofia política e do conhecimento; história, antropologia e politologia; sociologia, criminologia e psicologia); *(b) ciências jurídicas* (constitucional, penal, direito de polícia, administrativo); *(c) ciências administrativas* (governo e administração pública; gestão pública, economia e política pública); *(d) ciências específicas* (estatística, geografia humana, ecologia e desenvolvimento); *(e) tecnologias e técnicas* (polícia científica e criminalística, inteligência). Dessa forma, conclui o autor com a definição de ciência policial como "estudo transdisciplinar da polícia e dos fenômenos relativos ao mundo policial na sociedade", em que "transdisciplinariedade" significa o "caráter de interdependência e complementariedade entre as diferentes disciplinas que convergem metodologicamente para construção de uma visão integral sobre a polícia e os fenômenos sociais que lhe competem".

Com essa perspectiva, o autor conclui ainda que a Ciência policial implica um "conhecimento prático e aplicável na solução ou controle relativo a problemas humanos que afetam a convivência e suas condições", devendo partir de uma estratégia metodológica transdisciplinar "para construir visões de conjunto mais integrais, tendentes ao conhecimento multidimensional dos problemas humanos de competência policial", o que exige, portanto, ser conhecimento contextualizado, produzido para uma sociedade particular, que por sua vez está determinada por um sistema de crenças, valores, princípios e virtudes. Com isso, a concepção de ciência se mostra particularizada, muito diversa de uma ideia clássica de universalidade, embora se deva entender como ciência de um mundo multicultural, que compõe a sociedade internacional de nações, em virtude da transcendência do respeito aos direitos e liberdades do homem.

### 4.3. Princípios Metodológicos da Ciência Policial

É com base nessa compreensão ampla que Jairo Alvarez apresenta, por fim, no Capítulo VII, suas "perspectivas metodológicas da ciência policial", na qual discute duas perspectivas fundamentais (análise e complexidade, na seção 7.3). Aqui, contudo, interessa-nos apenas ter em conta os princípios metodológicos da Ciência policial, em que se baseia sua metodologia, assim expostos pelo autor:

1. *Transdisciplinariedade:* "significa o caráter de interdependência e complementariedade entre as diferentes disciplinas que convergem metodologicamente para a construção da visão integral sobre o ente polícia e os fenômenos sociais que lhe competem";
2. *Pluralismo metodológico:* "significa a estratégia de articular modos de saber específicos para obter uma visão de conjunto do objeto de estudo segundo diversas perspectivas";
3. *Pertinência:* "orienta os resultados de pesquisa a partir do ponto de vista de sua validade e importância para a tomada de decisões do ente polícia";
4. *Oportunidade:* "de nada servem os resultados de pesquisa se não são aplicados no momento oportuno e sob as circunstancias planejadas";
5. *Precaução:* "os produtos de pesquisa policial devem gerar conhecimento para prevenir situações não desejadas, ou em caso de ocorrerem, contar com protocolos de precaução";
6. *Antecipação:* "alude ao caráter prospectivo da pesquisa policial";
7. *Contextualização*: "relaciona e integra o objeto de pesquisa com as condições do ambiente".

# 8. As Ciências Policiais em Portugal

*"A ciência policial como ciência interdisciplinar da comunicabilidade humana e ciência intersubjectiva centrada em um conhecimento implica que se centre no estudo da actividade de Polícia"*

(Manuel Valente)

## 1. O Instituto Superior de Ciências Policiais e Segurança Interna

Em Portugal, as Ciências Policiais se têm desenvolvido pela Polícia de Segurança Pública, sobretudo pelo Instituto Superior de Ciências Policiais e Segurança Interna (ISCPSI), cujo Centro de Investigação, dirigido inicialmente pelo Doutor Manuel Monteiro Guedes Valente (também professor da Universidade Autônoma de Lisboa), desenvolve em nível pós-graduado a discussão científica em torno da polícia.

O ISCPSI – anteriormente chamado Escola Superior de Polícia, passando a ter a nova denominação em 1999 – é um estabelecimento policial de ensino superior que ministra o Curso de Formação de Oficiais de Polícia. O Instituto concede grau de licenciatura em Ciências Policiais desde 1994. Como formação permanente, o Instituto desenvolve várias atividades acadêmicas, promovendo conferências, seminários, estágios de aperfeiçoamento e atualização a subcomissários, comissários e oficiais superiores. Embora seja uma polícia fardada, trata-se de instituição civil (não militar), que detêm competência variada, inclusive na área de investigação criminal de certos delitos, segundo dispõe a Lei de Organização da Investigação Criminal portuguesa.

O Centro de Investigação do ISCPSI oferece, desde 2010, Mestrado em Ciências Policiais, em várias especialidades como Criminologia e Investigação Criminal, Segurança Interna, Gestão da Segurança, Gestão Civil de

Crises e Gestão Municipal da Segurança. Em sua estrutura, encontram-se os Departamentos de Ciências Policiais, de Ciências Jurídicas, das Ciências Sociais e Políticas, e de Ciências do Desporto e Educação Física.

Entre suas publicações, o ISCPSI dispõe de uma Coleção Científica, resultado de pesquisas e eventos, que conta com os seguintes títulos: *(a) Direito Policial*, de João Raposo (2006); *(b) Patrulha e Proximidade: uma etnografia da polícia em Lisboa* (2008); *(c) Reuniões, Manifestações e Actuação Policial*, sob coordenação de Manuel Valente (2009); *(d) Criminalidade Organizada e Criminalidade de Massa*, sob coordenação de Manuel Valente (2009); *(e) A União Europeia e o Terrorismo Transnacional*, sob coordenação de Ana Paula Brandão (2010); *(f) A Segurança Privada em Portugal – Sistema e Tendências*, de Norberto Paulo Gonçalves (2011); *(g) Controlos Remotos – Dimensões Externas da Segurança Interna em Portugal*, de Armando Marques Guedes e Luís Elias (2010); *(h) A luta contra o Terrorismo transnacional – Contributos para uma reflexão*, sob coordenação de Ana Paula Brandão (2011); *(i) Ciências Policiais – Estado, Segurança e Sociedade*, sob coordenação de Élia Marina Chambel, Manuel Valente e Paula Espírito Santo (2011); *(j) Metamorfoses da Polícia – Novos Paradigmas de Segurança e Liberdade*, de Helder Valente Dias (2012).

Além dessa coleção, encontram-se publicações resultantes dos seguintes eventos: I Colóquio de Segurança Interna (2005); I Congresso de Processo Penal – Memórias (2005); II Congresso de Processo Penal – Memórias (2006); II Colóquio de Segurança Interna (2006); Urbanismo, Segurança e Lei – Tomo I (2007); Urbanismo, Segurança e Lei – Tomo II (2009); III Congresso de Processo Penal – Memórias (2010), todos coordenados por Manuel Monteiro Guedes Valente.

Como principal veículo de publicação periódica, desde 2004, encontra-se a *Revista Politeia*, fundada e coordenada originariamente por Manuel Monteiro Guedes Valente, cujo pensamento jurídico e científico constitui a base teórica fundamental das ciências policiais em Portugal.

## 2. O Pensamento de Manuel M. G. Valente

O pensamento teórico-policial de Manuel Monteiro Guedes Valente abrange perspectivas variadas da atividade policial, mas o aspecto jurídico é o mais enfatizado. Nesse campo, encontra-se a sua *Teoria Geral do Direito Policial*, além de uma vasta produção bibliográfica que se estende por muitas obras publicadas (algumas em co-autoria), além de obras coordenadas, artigos científicos e conferências em congressos e seminários nacionais e internacionais. Entre suas principais obras, merecem referência as seguintes[64]: 1) Direito Penal do Inimigo e o Terrorismo. O "Progresso ao Retrocesso" (2010); 2) Contributos para um Direito Penal Supranacional (2010); 3) Estudos de Direito Penal (2010); 4) Natureza Jurídica do Corpo da Guarda Prisional (2008); 5) Do Mandado de Detenção Europeu (2006); 6) Conhecimentos Fortuitos: A Busca de um Equilíbrio Apuleiano (2006); 7) Processo Penal – Tomo I (2004); 8) Escutas Telefónicas – Da Excepcionalidade à Vulgaridade (2008); 9) Prisão – A Metamorfose da Benevolência (2004); 10) Dos Órgãos de Polícia Criminal: Natureza – Intervenção – Cooperação (2004); 11) Revistas e Buscas (2003); 12) Regime Jurídico da Investigação Criminal – Comentado e Anotado (2003); 13) Consumo de Drogas – Reflexões sobre o Quadro Legal (2002); 14) Da Publicação da Matéria de Facto nas Condenações nos Processos Disciplinares (2000); 15) Segurança Interna – Reflexões e Legislação, em co-autoria com Luis Fiães Fernandes (2005); 16) Direito de Menores – Estudo Luso-Hispânico sobre Menores Vítimas e Delinquência Juvenil, em co-autoria com Nieves Sanz Mulas (2003); 17) Lei e Crime: O Agente Infiltrado Versus o Agente Provocador – Os Princípios do Processo Penal, em coautoria com Fernando Gonçalves e Manuel João Alves (2001); 18) O Novo Regime do Agente Infiltrado Anotado e Comentado – Legislação Complementar, em co-autoria com Fernando Gonçalves e Manuel João Alves (2001); 19) Segurança – Um Tópico Jurídico em Reconstrução (2013); 20) Do Ministério Público e da Polícia – Prevenção Criminal e Acção Penal como execução de uma Política Criminal do Ser Humano (2013); Ciências Policiais – Ensaios (2014); 21) A Polícia do Estado Democrático e de Direito (2015)

Trata-se de pensador cuja obra transcende os campos das ciências policiais, suscitando interesse em ciências política e jurídica. Portanto, o que vamos aqui resumir representa apenas parte de sua obra que merece ser consultada por quem tenha interesse em assuntos policiais, sobretudo com uma perspectiva jurídica.

---

[64] O ano se refere à primeira edição, devendo-se considerar que algumas obras já se encontram em sua 3ª edição, sendo boa parte publicada pela Editora Almedina de Coimbra.

## 2.1. O Direito Policial: a Perspectiva Jurídica

Em sua *Teoria Geral do Direito Policial*, Manuel Monteiro Guedes Valente nos apresenta verdadeira Teoria da Polícia, sob uma perspectiva jurídica, a partir de uma concepção geral da polícia que pretende abranger todas as funções atualmente desenvolvidas pela polícia contemporânea, para a qual propõe um conjunto de princípios comuns, seguindo com a exposição das diversas competências policiais, com ênfase na investigação criminal, a respeito da qual discute os principais instrumentos jurídicos, até chegar ao tema da cooperação policial, interna e internacional em matéria penal. Trata-se de obra que, efetivamente, merece o título que ostenta (teoria geral). Embora se possa discordar de parcelas do pensamento do autor, não se pode deixar de reconhecer a grandiosidade dessa obra, pela qual ele consegue repor à Polícia seu lugar em um Estado democrático de direito. Fundamentado em ampla pesquisa bibliográfica e em sua própria produção teórica, o autor nos propõe uma compreensão da polícia no conjunto das disciplinas jurídicas que discutem o sistema do Direito. E de imediato já nos diz o que pretende com sua Teoria Geral, ao expressar seu conteúdo, dizendo-nos que:

> A *Teoria Geral do Direito Policial* deve ter por objeto de estudo toda a actividade jusinternacional, jusconstitucional e jusordinária (administrativa e criminal) da actividade de polícia de modo à criação de uma doutrina juspolicial que se encontre e manifeste em toda e qualquer polícia considerada orgânica e formalmente (Valente, 2009, p. 17)

Manuel Valente (2009, p. 21ss), ao falar da perspectiva jurídica da atividade policial, sustenta que se deve distinguir entre Direito *da* Polícia e Direito *de* Polícia, ou Direito policial. Nesse sentido, o Direito da Polícia "compreende os princípios, as normas positivadas, as decisões judiciais, as decisões administrativas e a doutrina aplicáveis internamente aos elementos pertencentes à organização Polícia", ao passo que o Direito de Polícia, por sua vez compreende:

> Os princípios gerais, as normas regulares da actuação e da conduta policial na prossecução das suas atribuições e competência na defesa da legalidade democrática, na garantia da segurança interna e dos direitos dos cidadãos, cujos destinatários se encontram indeterminados e indefinidos no espaço do território nacional ou da União europeia e, até mesmo, internacional.

Sob essa perspectiva, embora essa obra se produza no âmbito do direito positivo português e europeu, não se deve desconsiderar o alcance que pode ter sobre outras polícias, no que há de comum entre elas em todo o mundo. Como observa o autor, aliás, o Direito policial "não se confina, hoje, a um espaço territorial exíguo e fixo por fronteiras terrestres", pois em virtude da cooperação policial há normas que regulam condutas apara além do espaço nacional. Por isso, a Teoria Geral de Manuel Valente merece estudo em seus aspectos extrapositivos, sobretudo à luz dos princípios que nos oferece como base para toda intervenção da polícia. Nesse sentido, o autor menciona os seguintes princípios a serem observados: legalidade, proporcionalidade, garantia e defesa dos interesses do cidadão ou dos direitos fundamentais, prossecução do interesse público, boa-fé, oportunidade, democrático da atuação da polícia, lealdade na atuação da polícia, igualdade e imparcialidade, justiça, concordância prática e, por fim, o que nos parece merecer maior atenção o *princípio da liberdade*.

É com base nesse princípio da liberdade que Manuel Valente (2009, p. 187) sustenta que, em sua atuação, a polícia "tem de optar pela solução menos restritiva ou onerosa para a esfera da livre actuação dos indivíduos – um imperativo da razão prática que não dispensa a procura da solução mais correcta, mesmo que não seja a liberdade total". Trata-se de princípio fundamental. Com este princípio, estamos em condição de entrar nas discussões de Manuel Valente, no campo mais específico da Ciência policial.

## 2.2. A Cientificificidade como Garante de Direitos

Em Conferência proferida na Academia Nacional de Polícia (2009), publicada posteriormente na Revista Brasileira de Ciências Policiais (v. 1, n. 1, de 2010), Manuel Valente sustentou uma tese, acerca das Ciências Policiais, que nos parece central em seu pensamento – de que a cientificidade da atuação policial se justifica e deve dirigir-se à garantia dos direitos humanos. Essa tese tem um caráter axiológico fundamental que se vai relacionar à atitude epistemológica que permeia seus demais escritos na área de ciências policiais.

Ao falar de cientificidade, o autor desde logo afasta um equívoco frequente para afirmar que "não nos estamos a prender à designada Polícia científica, ao CSI (Crime Sob Investigação), mas a outro quadrante e outro vector da cientificidade...". Em outro sentido, sustenta que "esta cientificidade da actuação policial implica uma Polícia que actue na construção de um equilíbrio entre a tutela de bens jurídicos e a defesa do delinquente face à força punitiva do Estado, cujo rosto visível se concretiza em cada elemento policial". Qual a razão dessa concepção, segundo o autor? Porque hoje os Códigos de Processo Penal, em consonância com tratados internacionais de direitos humanos, exigem mais que a descoberta da verdade real, impondo à Polícia que atue com métodos científicos, para que ao fim o processo penal alcance quatro finalidades:

> A verdade material, prática e judicialmente válida, cujas provas jamais possam ser atacadas por serem nulas ou por serem proibidas;
> A realização da justiça penal com a responsabilização dos culpados e não de uns culpados, assim como permita a reintegração do delinquente na sociedade;
> A defesa e garantia dos direitos fundamentais, muito em especial, dos direitos humanos, de todos os cidadãos – vítima directa, vítima indirecta, a comunidade em geral e o suspeito da prática de um crime –, evitando-se a rotulagem, a etiquetagem, a estigmatização da vítima, da testemunha e do indiciado ou imputado;
> A materialização da paz jurídica e, consequentemente, o restabelecimento da paz social no local do crime e em todo o espaço em que os efeitos negativos do crime se projectaram.

Com essa concepção, Manuel Valente antepõe ao debate epistemológico da Ciência policial uma diretriz axiológica, uma posição ética fundamental que nos permite entender em que sentido se deve desenvolver o conhecimento científico necessário à atividade policial.

## 2.3. A Questão Epistemológica

A concepção de Ciência Policial de Manuel Valente encontra-se muito bem esclarecida em palestra proferida no I Seminário Internacional sobre Ciências Policiais e Política Criminal que ocorreu em Brasília, publicada posteriormente na Revista Brasileira de Ciências Policiais (v.1, n. 2, 2010). Nesse artigo, denominado *Ciência Policial: Contributos Reflexivos Epistémicos*, podemos encontrar uma relação que estabelece o autor entre *sociedade, ciência e polícia*. O autor parte da constatação de que vivemos em uma sociedade caracterizada pelo risco, em que a ciência já não tem a garantia de conhecimento absoluto e a polícia deve oferecer respostas em consonância com direitos humanos. Pode-se observar, em seu discurso, uma relação de implicações em que temos (nova) sociedade do risco → (nova) ciência falível → (nova) polícia garantista. Por consequência disso, a Ciência policial se pode dizer uma nova ciência, que tem por objeto a complexidade e imprevisibilidade do mundo atual.

O autor, com base na sociologia de Ulrich Beck (Sociedade do Ricos), sustenta que "hoje, a sociedade mutável, produtora da sociedade de risco, é uma trajecto incontrolável e exigente de uma ciência flexível e adequada a responder aos fenômenos com a celeridade máxima e com a incerteza do fármaco administrado ao enfermo...". Com isso, considera que estamos obrigados a desenvolver uma nova ciência, que não pode ter seus fundamentos no demonstrativismo do racionalismo puro e formal. Nesse ponto, o autor acena para a teoria falsificacionista de Popper, em que o conhecimento aumenta na medida em que o submetemos à refutabilidade constante, o que se deve encontrar na atividade policial. Para Manuel Valente, portanto, *a Ciência policial não deve ter como objeto o ente policial, mas a atividade de polícia*. E como fim, essa ciência deve desenvolver-se no sentido de melhorar essa atividade para promover o bem-estar e a qualidade de vida de toda a comunidade. Nesse sentido, sustenta o autor que "a ciência policial é essencial para a realização do ser humano por dotar a Polícia de um padrão de actuação científico racional epistêmico centrado em um equilíbrio construtivo".

Essa concepção da ciência policial parece melhor aproximar-se do modelo que a Escola Superior de Polícia, da Polícia Federal do Brasil, tem desenvolvido, como veremos no próximo capítulo.

# 9. As Ciências Policiais na Polícia Federal do Brasil

> *Em suma, uma ciência se torna necessária quando nenhuma outra atende a questionamentos emergentes de um âmbito específico de problemas*
>
> (Eliomar Pereira)

## 1. Instituição de uma Comunidade Científica: a Escola Superior de Polícia

O ato de criação da antiga Academia de Polícia do Departamento Federal de Segurança Pública (Anexo), em 31 de dezembro de 1960, já fazia referência a ações acadêmicas destinadas a "aperfeiçoar, atualizar e especializar" funcionários policiais "nos mais variados aspectos da ciência policial", mas a sua discussão teoricamente orientada passou a ser feita de forma mais sistemática apenas depois que se instituiu, na Academia Nacional de Polícia, a Coordenação da *Escola Superior de Polícia* (CESP). Este órgão, cujas novas instalações foram inauguradas em 18 outubro de 2011[65], sucede a antiga Coordenação de Altos Estudos de Segurança Pública (criada em 2001). Com a nova instituição, não se pretende apenas uma mudança formal do nome. Com ela se pretende a criação de um contexto institucional orientado ao desenvolvimento das Ciências Policiais na Polícia Federal do Brasil, em caminho diverso do antigo paradigma de segurança pública. Essa Escola pretende congregar os elementos institucionais de uma comunidade científica, fundada em paradigma epistemológico definido, programa de pesquisa e tradição investigativa sobre os problemas que dizem respeito

---

[65] A inauguração contou com a presença do Exmo. Sr. Ministro da Justiça, Dr. José Eduardo Cardozo, ocasião em que proferiu palestra para alunos das primeiras pós-graduações da CESP.

às competências da Polícia Federal, como instituição policial com características próprias, buscando dialogar com outras instituições policiais que compartilham problemas policiais similares ou conexos.

Uma *comunidade científica*[66] "é uma associação de pessoas que não estão vinculadas entre si por leis nem cadeias de comando, mas pela comunicação de informações – através de revistas especializadas, conferências, discussões informais e outros canais" (Kneller, 1980, p. 182). A comunicação de informações é organizada e difundida por instituições especializadas que procuram atingir certos objetivos com o propósito de ampliar o conhecimento em determinado campo. Entre os objetivos, citam-se a busca de padrões de pesquisa, harmonização de interesses individuais de cientistas com a atividade coletiva científica, promoção de cooperação e estímulo à inovação. Nesse sentido, podemos encontrar esboços de comunidades científicas em torno da atividade policial, em institutos e escolas de órgãos estatais destinados à atividade de investigar, como é o caso da *Escuela de Postgrado de Policía* (Colômbia), o *Instituto Superior de Ciências Policiais e Segurança Interna* (Portugal) e a *Escola Superior de Polícia*, na Polícia Federal do Brasil. No entanto, essas comunidades não apresentam aspectos exclusivamente científicos, pois com estes concorrem outros de natureza jurídica.

Na Escola Superior de Polícia, essa comunidade científica está organizada em torno de ações institucionais relativas às áreas de *pós-graduação, pesquisa* e *publicação*, além de seminários e cursos, que passaremos a expor sucintamente em linhas gerais. Em continuidade, falaremos dos *pressupostos* das ciências policiais na Escola Superior de Polícia e os *objetivos* definidos, além das bases teóricas que integram a comunidade científica (paradigma, programa e tradição) que se abordarão na Parte III.

## 2. Marcos e Elementos Institucionais

A investigação científica, segundo a perspectiva pragmática que nos apresenta Luiz Henrique de Araújo Dutra (2008, p. 277ss), "deve pressupor

---

[66] Como veremos, T. Kuhn (1969, p. 221) considera um paradigma como o que uma comunidade científica partilha, tendo o sentido de matriz disciplinar, que para Luiz H. de A. Dutra (2008, p. 281) converge com a ideia dos elementos institucionais de um contexto de investigação científica.

determinadas instituições", pois uma investigação científica "é um procedimento realizado no interior de certas instituições, que lhe conferem o contexto possível de ação". No pensamento de Thomas Kuhn, essa instituição é uma comunidade científica. Segundo Kuhn (2009, p. 222), "uma comunidade científica é formada pelos praticantes de uma especialidade científica", que foram submetidos a uma iniciação profissional e a uma educação similares. Essa instituição contém em si certos elementos (dialeto técnico, classe de teorias e hipóteses, explicações, procedimentos de observação, instrumentos e fatos registrados etc.), que se tornam possível a partir de certas ações institucionais que criam um contexto coletivo de investigação.

Nesse sentido, a ciência se explica "não como um episódio isolado de comportamentos de determinado indivíduo, mas como um padrão de comportamento que se encaixa em determinado contexto" (Dutra, 2008, p. 291). Nessa concepção, a atividade científica é "uma atividade essencialmente coletiva e dependente de um grupo". Nas ciências policiais, esse grupo se constitui por todos os policiais que compõem uma instituição específica, que estejam dispostos a discutir seus conhecimentos em um contexto científico. Os elementos que se seguem expostos pretendem criar esse contexto coletivo, que pode tornar possível uma Ciência Policial na Escola Superior de Polícia. Eles constituem marcos da discussão e desenvolvimento das Ciências Policiais na Polícia Federal do Brasil.

## 2.1. Os Seminários Internacionais de Ciências Policiais

Um primeiro passo no debate sobre as Ciências Policiais pela Escola Superior de Polícia foi dado ainda em 2010, com a realização do *I Seminário Internacional de Ciências Policiais e Política Criminal*, organizado pela ainda Coordenação de Altos Estudos de Segurança Pública (CAESP) em conjunto com o Instituto Superior de Ciências Policiais e Segurança Interna (ISCPSI) de Portugal. O evento ocorreu no contexto do II Congresso Brasileiro das Carreiras Jurídicas de Estado, em Brasília, no Centro de Convenções Ulisses Guimarães, entre 6 e 9 de julho de 2010[67].

Esse evento, idealizado pelo Delegado de Polícia Federal Célio Jacinto dos Santos, na época Coordenador da CAESP, contou com a participação de

---

[67] http://carreirasjuridicas.com.br/i_seminario_internacional_sobre_ciencias_policiais_e_policia_criminal

expositores do Brasil, Portugal, Espanha, Argentina e Colômbia. As exposições orais dos debates e palestras se encontram disponíveis no site do evento, bem como impresso por publicação no livro *Conclusões do II Congresso Brasileiro das Carreiras Jurídicas de Estado* (Brasília: Instituto Perspectiva, 2011).

Dia 07/02/2010:
Parte 1: A atividade policial como ciência. Coordenador: Paulo Valente Gomes (Portugal, Diretor do ISCPSI). Debatedores: Germano Marques da Silva (Portugal, Professor da Universidade Católica Portuguesa); Manuel Monteiro Guedes Valente (Portugal, Professor do ISCPSI); Eliomar da Silva Pereira (Brasil, Professor da Escola Superior de Polícia), Alexandre Bernardino Costa (Brasil, Professor da UnB)
Parte 2: O aporte de outras ciências às ciências policiais. Coordenadora: Nieves Sanz Mulas (Espanha, Universidade de Salamanca). Debatedores: Jairo E. S. Alvarez (Colômbia); Guilherme Cunha Werner (Brasil); Norberto R. Tavosnanska (Argentina); Miguel Antonio Gomez Padilla (Colômbia).
Dia 08/07/2010:
Parte 1: O papel da polícia no Estado Democrático de Direito. Coordenador: Disney Rosseti (Brasil, Direito da Academia Nacional de Polícia). Debatedores: Rogério Bastos Arantes (Brasil); Carlos Roberto Bacila (Brasil, Professor da Universidade Federal do Paraná); José Pedro Zaccarioto (Brasil, Professor da Academia da Polícia Civil de São Paulo).
Parte 2: Os desafios e perspectivas da investigação criminal no Brasil. Coordenador: Maurício Zanoide de Moraes (Brasil, Professor da USP). Debatedores: Sandro Torres Avelar (Brasil); Jésus Trindade Barreto Júnior (Brasil), Wladimir Sérgio Reale (Brasil).
Dia 09/07/2010:
Painel 3: A Crise de Legitimidade do Sistema Penal e a Polícia. Palestrante: Paulo Rangel (Brasil, Desembargador do Tribunal de Justiça do Estado do Rio de Janeiro)
Painel 4: A Política Criminal no Estado de Direito do Século XXI. Palestrante: Anabela Maria Pinto de Miranda Rodrigues (Portugal, Professora Catedrática da Faculdade de Direito da Universidade de Coimbra)

Em 2014, dando sequência à proposta do evento, realizou-se em Lisboa o *II Seminário Internacional de Ciências Policiais,* nos dias 10 e 11 de dezembro, no Auditório Superintendente-chefe Afonso de Almeida, do Instituto Superior de Ciências Policiais e Segurança Interna (ISCPSI, Portugal), sob coordenação científica de Manuel Monteiro Guedes Valente, tendo a seguinte programação, que se iniciou com uma "evocação da Declaração Universal dos Direitos Humanos" e teve palestra de representantes de Portugal, Espanha, Moçambique e Brasil:

1. A crise da democracia na sociedade de massa / Ruth M. Chittó Gauer
2. Ensaio para uma teoria *agnóstica* do processo penal / Elmir Duclerc
3. Aspectos conceituais e perspectivas da política Criminal brasileira / Cristina Zackseski
4. A responsabilidade social da polícia para uma melhor liberdade e segurança / Mônica Freitas; Ivone Costa
5. O nexo *in-out* na narrativa da CPLP: uma deriva securitária? / Ana Paula Brandão
6. La formación y la investigación en matéria policial como garantia de una mejor calidadd de la justicia / Adán Carrizo González-Castell
7. A manutenção da ordem pública como paradigma das ciências policiais / José Ferreira de Oliveira
8. Aspectos sobre as ciências policiais: os saberes policiais investigativos científicos / Célio Jacinto dos Santos
9. Gestão contingencial de cenários de risco para a segurança pública / Jóse Emanuel Matos Torres
10. A construção do problema policial: as ciências policiais em função do Estado constitucional de direito / Eliomar da Silva Pereira
11. A construção das ciências policiais na ACIPOL e a sua importância para uma polícia democrática em Moçambique / Duarte Tembe

As palestras foram consolidadas e publicadas no livro sobre coordenação de Manuel Monteiro Guedes, em "Ciências Policiais e Política Criminal" (Lisboa, ISCPSI, 2014).

## 2.2. O Programa de Pós-Graduação em Ciências Policiais

A primeira pós-graduação *lato sensu* em Ciências Policiais, da Polícia Federal do Brasil, foi lançada em 2010, na especialidade Investigação Criminal, com conclusões em 2012, quando os alunos fizeram as defesas orais perante as bancas examinadoras. Ela teve início no mesmo período em se realizou o I Seminário e se lançou a Revista Brasileira de Ciências Policiais, de que se vai falar adiante. A essa pós-graduação seguiram-se outras duas, nas especialidades de Inteligência Policial e Documentoscopia.

A primeira pós-graduação em Investigação Criminal foi dividida inicialmente em três módulos presenciais, além de disciplinas à distância relativas à metodologia do trabalho acadêmico e do ensino. Depois, as pós-graduações passaram a dividir-se em dois módulos apenas, um comum (com três ou cinco disciplinas) a todas as especialidades e outro dirigido às especificidades de cada uma. Entre as disciplinas que figuram em todos os cursos, encontram-se esta *Introdução às Ciências Policiais*, além de uma *Teoria Geral da Polícia* e uma *Introdução à Teoria da Ciência*. Alguns cursos, ainda, podem ter em comum a *Criminologia* e a *Política Criminal*.

Após alguns anos de experiência, toda essa metodologia educacional foi revista, tendo em conta os relatórios da Comissão Própria de Avaliação da Academia Nacional de Polícia, e a partir de 2017, após obter o recredenciamento pelo MEC, a Escola Superior de Polícia passou a oferecer os seguintes cursos: a) Especialização em Ciências Policiais; b) Especialização em Identificação Humana; c) Especialização em Direito de Polícia Judiciária; d) Especialização em Criminalidade Organizada. A todas essas mudanças, acresce-se em 2018 a criação de um específico *Serviço de Pós-Graduação*, que se tem dedicado a acompanhar todos os cursos, buscando um diálogo entre os diversos discursos das várias ciências desenvolvidas nas especializações.

Entre os professores, atualmente, a Escola Superior de Polícia conta em sua maioria com servidores da Polícia Federal (mestres e doutores), tendo eventualmente professores convidados (especialmente de Portugal e da Colômbia) e colaboradores de instituições de ensino superior (UFSC; UnB; USP; PUCSP), bem como de instituições públicas (Judiciário e Ministério Público).

As pós-graduações da Escola Superior de Polícia têm como objetivo aperfeiçoar as diversas competências institucionais da Polícia Federal, com ênfase na atividade de investigação criminal, sem descuidar das demais, bem como formar professores em condições de colaborar para o aperfeiçoamento do ensino nos Cursos de Formação Profissional dos diversos cargos. Ao falarmos de aperfeiçoamento, tanto da prática quanto do ensino do conhecimento policial, a Escola tem por objetivo a proposta de inserir no empirismo da atividade cotidiana e na técnica de ensino policial os elementos teóricos de um discurso científico que possam auxiliar na melhor solução dos problemas típicos da Polícia Federal. Em síntese, pretende-se suscitar na cultura policial uma atitude voltada à busca de fundamentação racional de suas ações, dando causa de suas razões, com consciência de que se podem refutar no âmbito de uma comunidade científica, tendo em vista o constante objetivo de apresentar melhores soluções aos problemas policiais.

## 2.3. A Revista Brasileira de Ciências Policiais e Outras Publicações

Entre os veículos de publicação de seu conhecimento teórico, a Escola Superior de Polícia tem como principal a Revista Brasileira de Ciências Policiais – RBCP (ISSN 2178-0013), cujo primeiro volume, número 1 (jan-jun, de 2010), foi lançado por ocasião do I Seminário Internacional. Essa revista conta com Comissão Editorial composta por servidores da CESP e com Conselho Editorial representativo de vários países e instituições que de uma forma direta ou indireta podem colaborar na discussão crítica das Ciências Policiais.

O Conselho Editorial, atualmente, é composto pelos seguintes nomes: *Adriano Mendes Barbosa* (DPF – Brasil); *Alexandre Bernardino* (UnB – Brasil); *Aili Malm* (California State University – EUA); *Anthony W. Pereira* (King's College – Inglaterra); *Carlos Roberto Bacila* (UFPR e DPF – Brasil); *Denilson Feitoza* (MPMG – Brasil); *Elenice de Souza* (Rutgers University – EUA); *Guilherme Cunha Werner* (USP – Brasil); *Guilherme Henrique Braga de Miranda* (DPF – Brasil); *Jairo Enrique Suárez Alvarez* (CEPEP – Colômbia); *José Pedro Zaccariotto* (PCSP – Brasil); *Lúcia Pais* (ISCPSI – Portugal); *Luiz Henrique de A. Dutra* (UFSC – Brasil); *Manuel Monteiro Guedes Valente* (ISCPSI e UAL – Portugal); *Michael Towsley* (Griffith University – Austrália); *Patrício Tudela Poblete* (ASEPIC e Universidade do Chile – Chile); *Paulo Rangel* (TJRJ e UERJ – Brasil); *Sandro Lúcio Dezan* (DPF – Brasil); *Spencer Chainey* (UCL – Inglaterra).

A Revista pretende ser o principal veículo de publicação das produções acadêmicas da Pós-Graduação da Escola Superior de Polícia, bem como de pensadores de língua espanhola e inglesa que discutem temas que direta ou indiretamente interessam às Ciências Policiais. Além da RBCP, a Escola Superior de Polícia possui uma série de estudos chamada "Cadernos da ANP" (ISSN 1982-8195), entre os quais se encontram publicadas monografias recomendadas em bancas examinadoras de Trabalho de Conclusão de Curso da Pós-Graduação, em seu número 21 (2012), bem como a *Revista Segurança Pública & Cidadania* (ISSN 1983-1927), atualmente descontinuados. A estes periódicos, contudo, acresce-se atualmente a *Revista de Direito de Polícia Judiciária*[68].

## 2.4. O Programa de Pesquisa Policial

Em complemento às ações que buscam criar um contexto institucional para discussão e desenvolvimento das Ciências Policiais, a Escola Superior de Polícia propôs publicação de Instrução Normativa[69] que "estabelece bases e diretrizes para Programa de Pesquisa Policial da Coordenação da Escola Superior de Polícia, relativamente ao incentivo, acompanhamento e difusão de pesquisas no âmbito do Departamento de Polícia Federal", conforme ementa do projeto.

Após proposta inicial em 2009 e discussão no âmbito de todas as diretorias da Polícia Federal, em 2012 a Escola Superior de Polícia consolidou a redação final da Instrução Normativa, apresentando em sua exposição de motivos a seguinte justificação:

> O Programa de Pesquisa Policial – PPPOL pretende desenvolver-se, no conjunto das áreas de desenvolvimento das Ciências Policiais na CESP, na linha comum de uma base teórica fundada na ideia de *Ciência como solução de problemas*, conforme a sustenta Larry Laudan (*O progresso e seus problemas*). Em suma, segundo esse autor, "o objetivo da ciência consiste em obter teorias com uma elevada efetividade na resolução de problemas. Dessa perspectiva, a ciência progride somente se as teorias sucessivas resolvem mais problemas que suas precedentes". Nessa concepção de ciência, os problemas práticos devem andar em conjunto com os teóricos. É precisamente o que se declara no art. 2º da proposta de IN, ao dizer-se que "o Programa de Pesquisa Policial da Coordenação da Escola Superior de Polícia (PPPOL-CESP) tem por finalidade incentivar, acompanhar e difundir pesquisa relativa à Polícia e suas atividades, com ênfase na organização e atribuições da Polícia Federal, visando a desenvolver e consolidar *uma ciência adequada aos problemas da instituição policial*".

[68] Todos esses periódicos dispõem de e-ISSN, estando disponíveis no site https://periodicos.pf.gov.br/

[69] Esse projeto, contudo, encontra-se atualmente sem seguimento no âmbito interno da administração, à espera de uma decisão político-institucional que abrange várias questões relativas aos assuntos acadêmicos da Polícia Federal, incluindo capacitação de seus servidores.

Entre as linhas de pesquisa, segundo o art. 4º da IN, encontram-se de forma concentrada todas as atividades policiais (investigação, inteligência, administração, perícia e operação), com o que se pretende abranger todos os cargos policiais em torno da ideia de Ciências Policiais, fomentando a discussão teórica em torno dos problemas práticos de quaisquer atividades, visando a resolvê-los de melhor forma.

Como regime de pesquisa, segundo o art. 15 da IN, propõem-se três formas – dedicação mínima, parcial e exclusiva – visando a permitir adequação de problemas e hipóteses ao necessário empenho proporcional, conforme se tenha um projeto de pesquisa com abrangência local, regional ou nacional. Neste último caso, confere-se apenas ao Diretor Geral a decisão final de aprovar o projeto, considerando a possibilidade de remoção excepcional do servidor.

No mais, a proposta de PPPOL dispõe de normas relativas ao acompanhamento, gestão e divulgação de relatórios e trabalhos finais, assegurando com isso a estruturação do setor de pesquisa na CESP, com o que se fortalece a atividade acadêmica em torno da ideia de Ciências Policiais e permitirá em breve a criação de pós-graduação *stricto sensu*.

Essa Instrução Normativa, contudo, acabou não se consolidando como norma administrativa interna, embora o programa de pesquisa tenha seguido firme nessa proposta teórica da ciência policial como solução de problemas especificamente policiais, sendo esta a orientação que se segue ainda atualmente pelo *Serviço de Pesquisa e Publicação*, criado em 2018 para melhor direcionamento das atividades de pesquisa em conjunto com as atividades de publicação e pós-graduação. Os Grupos de Pesquisa tendem a seguir as áreas de concentração das pós-graduações, sendo cadastrados no Diretório de Grupos de Pesquisa, na plataforma Lattes do CNPq, com certificação pela Escola Superior de Polícia.

## 3. Pressupostos, Objetivos e Bases Teóricas

A Escola Superior de Polícia, por meio de seus elementos institucionais, ao discutir e desenvolver as Ciências Policiais, tem assumido como pressupostos os conceitos de polícia e de ciência que sustentamos nos capítulos iniciais, quais sejam, (a) *polícia democrática e cidadã* e (b) *ciência como atividade humana de solução de problemas*, o que deve ter o leitor sempre em conta nas discussões posteriores que se seguem. E com eles, devemos ter também uma concepção de *Polícia Científica* mais esclarecida. Considerando que toda e qualquer atividade policial pode alcançar o status científico, não parece haver sentido limitar o uso da expressão aos serviços periciais. Em síntese, precisamos entender que, ao falar de Polícia Científica, não se deve considerar a polícia aqui em sentido subjetivo (como um corpo destacado da instituição policial), mas em sentido objetivo, como a qualidade de uma atividade que se pode adquirir por todos os sujeitos policiais, sem qualquer limitação. Fazer Polícia Científica é, portanto, antes uma atitude epistemológica orientada a agir de forma racional. E embora essa concepção venha comumente mais relacionada à atividade de investigação criminal, não se deve limitar o conhecimento científico a nenhuma atividade específica da polícia.

Como *objetivos*, as Ciências Policiais na Escola Superior de Polícia se orientam mais especificamente para a *função de Polícia Judiciária*, sobretudo à investigação criminal, por considerar-se que essa atividade é a que melhor distingue a Polícia Federal na organização constitucional do Estado brasileiro. Nesse sentido, e em consonância com a noção de polícia científica acima considerada, o objetivo é resgatar o *conceito originário de criminalística* como ciência da investigação criminal em sentido amplo, que envolve todas as atividades policiais, sem exclusão de qualquer cargo, no sentido de tornar a investigação dos crimes mais científica, não apenas pelo recurso às ciências naturais (por perícias), mas também às ciências sociais (por exemplo, a psicologia e sociologia em técnicas de entrevista e observação), além de fomentar o desenvolvimento próprio de conhecimento científico em setores de problemas para os quais as atuais ciências não oferecem solução compatível com a atividade policial[70].

No entanto, ainda no que se refere aos objetivos, não nos podemos descuidar de todas as demais atividades policiais que são típicas e exclusivas da Polícia Federal, para as quais são igualmente necessários conhecimentos científicos que se possam utilizar na solução de problemas de polícia administrativa. Em suma, das ciências policiais, com a abrangência que se pretende, deve decorrer uma polícia científica que abrange a todas as atividades policiais, sem exceção.

---

[70] Nesse sentido, cf. Pereira, *Investigação, verdade e justiça*, 2014.

Com base nesses pressupostos, e tendo em mente tais objetivos da Escola Superior de Polícia, é que apresentamos na Parte III o que consideramos devam ser as bases teóricas com que se podem pensar e discutir as Ciências Policiais (bem como as demais instituições), com fundamento em um *paradigma epistemológico* que reconhece o caráter ativo do conhecimento (2), instrumentalizado por um *programa de pesquisa* consciente de limites jurídicos (3), mas sem desconsiderar as *tradições de pesquisa* existentes no labor cotidiano da atividade policial (4). É o que se segue na Parte III em que deixamos nossa concepção teórica. Trata-se de elementos para uma (re)construção das ciências policiais, tendo em conta as concepções renovadas de Polícia e de Ciência. Sobretudo, trata-se de uma concepção que permite pensar uma ciência policial no quadro de um Estado democrático de direito.

# PARTE 3
# A (RE)CONSTRUÇÃO DAS CIÊNCIAS POLICIAIS

# 10. As Bases Sócio-Culturais da Construção

> *"Quando a ciência examina uma questão, ela se baseia nos pressupostos de seu paradigma"*
> (Gérard Fourez, *A construção das ciências*)

A "natureza da ciência" – dizia Thomas S. Kuhn (2009) – se estabelece por um conjunto de características que, embora não lhe sejam exclusivas e possam assemelhar-se às de outros domínios do saber, no conjunto a distinguem como atividade científica. Entre estes elementos estão o *paradigma* e a *comunidade científica*. "Um paradigma é aquilo que os membros de uma comunidade partilham, inversamente, uma comunidade científica consiste em homens que partilham um paradigma" (Kuhn, 2009, p. 221). Suscitou-se, contudo, que o conceito de paradigma na obra de Kuhn tinha mais de vinte sentidos, o que o levou a explicar-se em um *Posfácio (1969)*, restringindo o emprego do termo a dois sentidos – um mais global, no sentido de "matriz disciplinar"; o outro mais específico, no sentido de "exemplos compartilhados". É nesses sentidos que podemos compreendê-lo.

A expressão *matriz disciplinar* remete a um conjunto de "elementos ordenados de várias espécies" (matriz) que são de "posse comum aos praticantes de uma disciplina particular" (disciplinar). Os elementos podem e costumam ser vários, mas Kuhn relaciona quatro considerados essenciais: generalizações simbólicas; partes metafísicas; valores; e exemplares compartilhados.

As *generalizações simbólicas* são expressões empregadas sem discussão pelos membros do grupo, a exemplo de certas fórmulas matemáticas em física. Na atividade policial, por exemplo, podemos pensar no conceito de crime segundo o princípio *nullum crimen sine lege*, entre outros que se podem construir no âmbito de suas práticas, pela conceptualização de seus problemas mais característicos.

As *partes metafísicas* concernem a compromissos coletivos, verdadeiras "crenças em determinados modelos" que auxiliam na solução de problemas. G. Bachelard (2008, p. 7) já havia ressaltado que "todo homem, no seu esforço de cultura científica, se apoia não em uma, mas sim em duas metafísicas" – o racionalismo e o realismo. Essa observação igualmente se pode aplicar à atividade policial e tende a acompanhar as ciências policiais, afinal não se pode abandonar nessa ciência a pretensão de conhecer a realidade com base na razão.

Os *valores* são geralmente mais compartilhados que os elementos anteriores e concernem a critérios necessários para julgar teorias, sua utilidade social etc. Kuhn (2009, p. 232) chama a atenção, contudo, para o fato de que os valores "podem ser compartilhados por homens que divergem quanto à sua aplicação". Essa característica talvez seja a mais evidente na atividade policial, considerando que embora em geral estejamos de acordo quanto aos valores do Estado de direito, diverge-se frequentemente quanto à sua aplicação a problemas concretos.

Por fim, os *exemplares compartilhados* podem se considerar o aspecto mais concreto do sentido de paradigma e consiste "em soluções concretas de problemas que os estudantes encontram desde o início de sua educação científica" (*op. cit.*, p. 234), a partir dos quais certas soluções antecipadas indicam como o trabalho se deve realizar. Kuhn observa que "na ausência de tais exemplares, as leis e teorias anteriormente apreendidas teriam pouco conteúdo empírico" (*op. cit.*, p. 235). A compreensão da lei por meio de exemplos é um expediente comum na formação do estudante de direito, e nas ciências policiais pode conferir a primeira ordenação do conhecimento teórico, a partir de modelos exemplares de casos práticos, considerando que uma condição essencial ao trabalho policial é que ele se deve realizar nos limites da lei. Mais especificamente, podemos entender boa parte dos cursos de formação policial como estudo de casos compartilhados, segundo teorias implícitas, ainda que rudimentares.

Esse é o conceito geral de paradigma, segundo a proposta de Kuhn. Os exemplos dados, com aproximação da atividade policial, apenas nos permitem entender em que sentido essa noção se encontra subjacente a toda e qualquer atividade, ainda que não seja considerada científica. O que nos interessa, contudo, é identificar um paradigma científico possível para as ciências policiais, consideradas no quadro das ciências sociais. É disso que passamos a tratar com o que chamamos *paradigma acionista*.

## 1. O Paradigma Acionista. Sociologia da Ação e Investigação-Ação

Em sociologia, encontram-se várias maneiras de abordar a realidade social, o que permite distinguir variados modelos de investigação, tradições de pensamento ou mesmo problemáticas e linguagens diversas. Michel de Coster (1996, p. 81ss) considera que, conforme se enfatize a estrutura social ou o indivíduo, bem como a maneira de entender os conflitos nas relações sociais, podemos distinguir dois paradigmas – o determinista e o acionista. A *abordagem determinista* se fundamenta em dois postulados: um sustenta "que qualquer fato social só se explica por fenômenos que lhe são anteriores ou preexistentes"; o outro conclui que, por interiorizar estes fenômenos exteriores, o indivíduo orienta sua ação condicionada. A *abordagem acionista* aparece como reação à concepção rigidamente positivista das ciências sociais. Interessa-se mais pela ação do indivíduo, suas intenções e projetos como ator social, e o conflito social deixa de considerar-se um incidente perturbador, como na abordagem determinista, para se considerar inerente às instituições e organizações.

Não se trata, contudo, de paradigmas inconciliáveis, como observa Michel de Coster (1996, p. 109): "Se, (...), por um lado, parece que a sociedade modela o homem, por outro, é o homem que modela a sociedade, de modo que cada forma de abordagem insiste numa das duas faces de uma mesma realidade". Isso nos impede de aceitar que um único paradigma tenha "monopólio da explicação", sobretudo porque as "qualidades heurísticas" de cada um dependem do "contexto de investigação". Entretanto, no contexto das ciências policiais, o paradigma acionista parece melhor responder às necessidades práticas do conhecimento, em especial a abordagem dos modelos de investigação que se encontram na *sociologia da ação*. E nessa, "o conceito de ação está no centro da abordagem acionista" (Coster, 1996, p. 96).

Em sociologia, a ação pode ser entendida como "comportamento humano (quer consista num fazer externo ou interno, quer num omitir ou permitir), sempre que o agente ou os agentes lhe associem um *sentido* subjetivo" (Weber, 2009, p. 21). Aqui, enfatiza-se a noção de "sentido" em conformidade com um tipo construído conceitualmente. São "conceitos construtivos da sociologia" que de um ponto de vista metodológico atuam como "típico-ideais" (Weber, 1913, p. 40)[71]. Nas ciências policiais, essa noção pode ter uma função instrumental da atividade policial, em conformidade com uma pretendida ordenação científica do conhecimento, a partir dos dados do trabalho policial. Podem servir de base metodológica, no plano terminológico e classificatório, bem como ter uma função heurística (*op. cit.*).

Nesse sentido, a sociologia "constrói conceitos típicos e demanda regras gerais do acontecer, em contraste com a história que aspira à análise e imputação causais das ações, estruturas e personalidades individuais culturalmente importantes" (Weber, 2009, p. 38). Assim, na construção conceitual da sociologia, embora esta possa buscar seu material às realidades de ação relevantes à história (ao ocorrido no passado), é condição peculiar da abstração generalizadora da ciência que os conceitos sejam vazios de conteúdo face à realidade concreta do material histórico (*idem, ibidem*). O mesmo se deve entender nas ciências policiais, que embora deva buscar nos casos particulares observados em sua atividade a base empírica (ocorridos no passado e registrados adequadamente), deve elevá-los a conceitos vazios dessa realidade cotidiana. Em contrapartida, a univocidade dos conceitos, ao afastar-se da realidade, permite indicar o grau de aproximação de um fenômeno histórico (*op. cit*, p. 39). Ou seja, podem ser utilizados para explicar fatos passados. A *sociologia da ação* se estabelece sobre essa perspectiva acionista[72].

Caracteriza-se esse paradigma sociológico por sua "transparência epistemológica que se define por princípios claros e por sua eficácia na capacidade de explicar fenômenos à primeira vista obscuros" (Boudon, 1995, p. 27). O primeiro princípio consiste em considerar todo fenômeno social como resultado de ações, atitudes ou convicções de comportamentos individuais. O segundo, em considerar que a explicação sociológica consiste em procurar o sentido dos comportamentos individuais.

---

[71] Cf. Rudner, 1966, p. 85, acerca de *tipologias* nas ciências sociais, não redutíveis a meras classificações.

[72] A perspectiva weberiana de ação não é a única que se encontra no paradigma da sociologia da ação, mas é a que tem servido fundamentalmente à caracterização geral do paradigma (Coster, 1996; Boudon, 1992, p. 30).

Chama-se *individualismo metodológico* o primeiro princípio, que não se pode confundir com o significado moral do individualismo, que faz do indivíduo a fonte suprema dos valores. Em sentido metodológico, há um significado diferente: "implica apenas que, para explicar um fenômeno social, é necessário descobrir suas causas individuais..." (Boudon, 1995, p. 33). O individualismo metodológico não desconsidera que o indivíduo se encontra num "contexto que se lhe impõe em larga medida", não faz uma abordagem atomista, mais *interacionista* da sociedade; não impede que se considerem indivíduos em grupo por categoria, em tipos ideais; não exclui que se considerem entidades coletivas como um indivíduo (*op. cit.*, p. 34ss). Isso nos permite, nas ciências policiais, que, embora saibamos que vários fatores concorrem para os problemas policiais (econômicos, sociais, educacionais etc.), possamos isolar fatores mais individualizados e mais diretamente controláveis no âmbito da atividade policial, sem alcançar a solução global do problema, é certo, mas permitindo uma melhor solução nos limites que se permitem e esperam da atividade policial. Em síntese, uma teoria (criminológica) no âmbito das ciências policias, sobre determinados crimes específicos, conquanto de pequeno alcance, pode até não abranger todos os fatores que efetivamente atuam na criminalidade, mas pode alcançar melhor êxito na solução imediata do problema policial que outras teorias de amplo alcance talvez não consigam.

Chama-se, por sua vez, *princípio da racionalidade* ao segundo princípio. Na busca por entender o fenômeno social como efeito de ações, para que a explicação seja completa, é necessário evidenciar o sentido dessas ações (Boudon, 1995, p. 36). Nesse caso, fala-se em *compreensão* e considera-se que o comportamento é sempre compreensível. Mas não significa ter acesso imediato às razões do autor (à sua subjetividade interna); significa antes que "essas razões devem ser reconstituídas através do entrecruzamento de informações, um pouco como sucede num inquérito policial" (Boudon, 1995, p. 36)[73]. Para tanto, deve-se antes recolher informações sobre o con-

---

[73] É importante observar que, ao buscar a racionalidade da ciência social, o inquérito policial é justamente um modelo indicado como essa forma de racionalidade. A compreensão dessa forma de racionalidade nos exige, contudo, entender a função da teoria analítico-jurídica do crime, com suas categorias dogmáticas (tipicidade, ilicitude e culpabilidade), à qual não podemos dedicar maiores explicações nessa introdução. Para quem pretenda uma compreensão melhor desse aspecto, sugerimos a leitura de Mir Puir, Snatiago. *Direito Penal: Fundamentos e Teoria do Delito*, São Paulo: RT, e mais especificamente, quanto à aplicação da

texto social do autor. A sociologia da ação aparece assim como sociologia compreensiva em oposição à sociologia de tradição positivista que pugnava pela exclusão da compreensão do sentido dos comportamentos individuais. A compreensão aparece como um momento da explicação, na acepção que lhe atribui Weber (Boudon, 1995, p. 37)[74]. Nas ciências policiais, nesse sentido, ao formular-se uma teoria acerca do problema policial, podemos considerar intenções de sujeitos, como elemento explicativo, que pode não corresponder à realidade do sujeito, mas que decorrem das informações disponíveis e, por isso, podem ser refutáveis também a partir delas.

A sociologia de ação tem sido oposta a uma sociologia acadêmica, embora as duas perspectivas coexistam em pesquisas de terreno de variados campos profissionais (Guerra, 2002, p. 10ss). É nessa sociologia de campo que se deram os primeiros passos de uma *investigação-ação*, em trabalhos etnológicos especialmente, tendo se expandido para problemas da sociedade industrial e urbanizada[75]. Com isso, passa-se a considerar a cidade como um laboratório natural das ciências sociais que têm por objetivo a solução de problemas muito pontuais (Guerra, 2002, p. 12).

Em torno da ideia de investigação-ação há grande discussão epistemológica, a respeito das relações entre o sistema social e os autores, bem como acerca da relação entre conhecimento e ação. Nesse contexto, a investigação-ação se apresenta como uma redefinição do conhecimento científico através de uma concepção pragmática (Guerra, 2002, p. 39). Trata-se de postura sociológica que pretende re-equacionar a relação entre ação e conhecimento, aprofundando as relações entre teoria e prática, em recusa a uma concepção contemplativa da ciência. Ou seja, "mais do que correntes teóricas, trata-se, sobretudo, de posturas de investigação – apelidadas de investigação-acção – que procuram abranger um conjunto de experiências práticas desenvolvidas por vários autores, e relativamente distintas entre si, mas enquadradas no mesmo propósito de conhecer a realidade para a transformar, assumindo assim uma concepção pragmática da realidade social" (Guerra, 2002, p. 43). Essa é uma perspectiva em que se encaixa

---

teoria do crime na investigação criminal, nossa *Teoria da Investigação Criminal*, Coimbra-São Paulo: Almedina.

[74] Deve-se observar que o significado de compreensão em Weber, da qual se aproxima a noção de Popper, difere do significado atribuído por Dilthey (Boudon, 1992, p. 37; 51)

[75] Cf. Esteves, A. J. "A investigação-ação" in *Metodologia das Ciências Sociais*, a respeito da investigação-ação como alternativa à metodologia positivista.

bem a prática da atividade policial e nos permite um caminho para as ciências policiais. Nela, considera-se a teoria como um meio, não um fim, pois "a teoria não é a ciência, é apenas um quadro hipotético de representação da realidade que se verá verificado no confronto com a empiria" (Guerra, 2002, p. 45).

Com a investigação-ação instaura-se uma metodologia diversa da ciência. Em comparação com o positivismo clássico, oriundo de uma visão das ciências naturais, possui características muito próprias: quanto ao tipo de generalização, não é universal e independente do contexto, mas limitada e dependente; quanto aos fins epistemológicos, não pretende predizer acontecimentos, mas construir planos de intervenção que permitam atingir objetivos visados; quanto ao tratamento de informações colhidas, os casos individuais podem ser fontes suficientes de conhecimento; quanto à tomada de posição sobre valores, os métodos não são neutros, pois se desenvolvem e atualizam o potencial humano (Guerra, 2002, p. 54).

No que respeita às técnicas dessa metodologia, utilizam-se todas as disponíveis nas ciências sociais, privilegiando-se as qualitativas, sob uma perspectiva indutiva, que tentam teorizar a partir de informações empíricas, colhidas no campo, no terreno de ação, a partir de problemas que se colocam, na tentativa de resolvê-los, e para os quais a teoria se pretende voltar. Trata-se de conhecimento produzido em confronto direto com o real, tentando transformá-lo, com desconstrução da ideia do papel do "especialista social". Assim, entende-se porque essa abordagem sociológica "produz-se muitas vezes à margem do sistema, junto de grupos e organizações em crise, sendo uma sociologia periférica (...) e não gozando de um grande reconhecimento pelas academias, pelo que também sofre de algumas debilidades metodológicas e técnicas" (Guerra, 2002, p. 75). Nesse sentido, apesar de suas limitações, é sob a perspectiva desse paradigma que acreditamos ser possível uma ciência policial.

## 2. Programa de Pesquisa. Regras Metodológicas Positivas e Negativas

A atividade policial, ao produzir conhecimento que pretende transformar-se em ciência, além de um paradigma científico, a partir do qual constitui sua epistemologia, deve desenvolver-se segundo um programa de pesquisa, cujos elementos devem estar bem claros aos seus operadores. O *programa de pesquisa* é um conceito proposto por Imre Lakatos, em desenvolvimento de algumas objeções que faz à teoria falsificacionista de Karl Popper, basicamente por considerar que nem tudo se admite falsificar em ciência. Essa observação parece ter algum sentido no âmbito das ciências policiais.

Um programa de investigação científica "é constituído por regras metodológicas: algumas indicam-nos os caminhos da investigação a evitar (*heurística negativa*), outras os caminhos a seguir (*heurística positiva*)" (Lakatos, 1999, p. 54). A. F. Chalmers (1993, p. 112) considera-o como "uma estrutura que fornece orientação para a pesquisa futura". Os *programas de pesquisa* se podem caracterizar pela existência de um "núcleo firme", em torno do qual se forma uma "cintura protetora". A ideia de uma heurística negativa, assim, impede que certas refutações alcancem o núcleo firme. A heurística positiva, por sua vez, é mais flexível que a negativa, mas tende a desenvolver-se apenas no âmbito do permitido, indicando o tipo de coisa que o pesquisador pode fazer. Diz-se, portanto, que "a heurística negativa especifica o 'núcleo firme' do programa que é irrefutável pelas decisões metodológicas dos seus proponentes", ao passo que "a heurística positiva consiste num conjunto parcialmente articulado de sugestões ou conselhos sobre como modificar, desenvolver, as 'variantes refutáveis' do programa de investigação" (Lakatos, 1999, p. 58).

A respeito disso, pensemos em como certas normas jurídicas que disciplinam a atividade policial, com base no "núcleo firme" da Constituição (os direitos fundamentais), impedem certas regras metodológicas de pesquisa e limitam os meios de ação[76]. As práticas da atividade policial, por sua vez, tendem a produzir sugestões ou conselhos capazes de realizar o programa de pesquisa sem afetar a cintura protetora. Isso requer adição de hipóteses auxiliares e o desenvolvimento de técnicas adequadas[77], e nesse ponto, a noção de *tradição de pesquisa* é esclarecedora, como veremos adiante. Antes, contudo, entendamos um pouco melhor os elementos do programa. Tomemos como exemplo a atividade de investigação criminal.

---

[76] Na atividade de investigação criminal, isso é muito claro quanto aos meios de obtenção de prova, com o princípio da proibição de prova ilícita, mas a ideia é extensível a toda atividade policial.

[77] É nesse âmbito que a prática da investigação criminal tende a produzir seus modelos de pesquisa, na forma de heurística positiva, em conformidade com as normas de heurística negativa que limitam o campo de atuação, segundo o núcleo firme dos direitos fundamentais.

Como observamos, um programa de investigação científica é constituído essencialmente por regras metodológicas, mas de naturezas diversas, umas negativas, outras positivas. Sob essa perspectiva, na investigação criminal, podemos entender cada conjunto de disposições legais a respeito de crimes específicos (clássicos, menor potencial ofensivo e criminalidade organizada) como disposições metodológicas sobre a forma de investigar. Nesse sentido, é possível distinguir nas disposições legais tanto normas que dizem o que é permitido fazer na investigação criminal (ainda que apenas implicitamente, ou o que é permito sob certas condições), como o que é proibido, por exclusão das possibilidades. No conjunto das diversas disposições, podemos delinear programas de investigação vários que decorrem de uma interpretação sistemática da legislação, quando relacionamos o tipo de crime com as autorizações legais para investigar. Um exemplo dessa forma de dispor encontra-se na lei brasileira relativa às interceptações telefônicas que exclui esse meio de investigação para crimes punidos com detenção[78]. Como observamos ainda, segundo Imre Lakatos (1999, p. 55ss), em virtude da heurística negativa, todos os programas de investigação podem ser caracterizados por um núcleo firme, que impede o programa de orientar-se em certos sentidos que se encontram excluídos da pesquisa. Em virtude disso, o autor explica que o desenvolvimento de heurísticas positivas deve ser no sentido de formar um cinturão protetor desse núcleo. Pensemos tudo isso em termos adequados à investigação criminal, a partir da ideia do constitucionalismo, especialmente orientada à proteção do núcleo firme dos direitos fundamentais, e da necessidade de desenvolverem-se formas positivas de investigação que reforcem o núcleo (direitos fundamentais), embora não impeçam o desenvolvimento da investigação, segundo as necessidades de novas realidades evidenciadas.

Em suma, nas ciências policiais, o que está em questão é a necessidade de considerar um âmbito de limites (negativo), protegido por uma cintura protetora de direitos fundamentais (normatividade constitucional), que se impõe à atividade policial, na qual se deve atentar para a proteção desses direitos, ao mesmo tempo em que desenvolve técnicas (positivas) de abordagem do problema. Esses elementos (cintura protetora, heurística positiva e negativa), pela sua natureza implícita à atividade policial, devem-se pressupor no desenvolvimento de estudos e propositura de hipóteses teóricas a

[78] Cf. Lei n. 9.296/1996, art. 2º, inc. III.

respeito dos problemas policiais. As ciências policiais devem subtendê-las, sempre. Isso não quer dizer que, a partir de observações empíricas e concepções teóricas fundamentadas, não se possam sugerir mudanças legislativas no âmbito de uma política criminal. Mas isso nos exige que se entenda o problema e se formule uma solução em uma outra instância de discussão.

## 3. Tradição de Pesquisa. Objetos e Métodos

Tanto Kuhn quanto Lakatos, ao tratarem de paradigma e programa, sustentam que a ciência se desenvolve não por teorias específicas, mas por conjunto de teorias que sustentam a atividade científica. Larry Laudan (1986) aceita essa noção de teorias mais gerais como ferramentas da compreensão do conhecimento científico, mas sustenta que a discussão deve girar em torno da noção de *tradições de pesquisa*. Ademais, admite que todas as disciplinas, científicas ou não, têm uma história repleta de tradições. Assim, podemos observar na atividade policial uma tradição de pesquisa que já se realiza no cotidiano da rotina diária de solução de problemas. Mas o que é essa tradição exatamente?

As tradições têm em comum os seguintes traços: a) toda tradição tem um certo número de teorias específicas que a exemplificam e a constituem; b) toda tradição evidencia determinados compromissos tanto metafísicos como metodológicos; c) cada tradição decorre de um número de formulações diferentes, segundo uma história (*op. cit.*, p. 114). Sobretudo, uma "tradição proporciona um conjunto de diretrizes para o desenvolvimento das teorias específicas". Parte dessas diretrizes constitui uma verdadeira ontologia que especifica o tipo de entidades fundamentais no domínio da pesquisa, e de forma mais específica, determina ainda os modos de proceder que são "métodos de indagação". Em suma, uma tradição de investigação é um conjunto de considerações ontológicas e metodológicas (*op. cit.*, p. 115), pontos de vistas acerca de métodos de investigação em conformidade com os de objetos de investigação. É um "sistema de crenças" que possuem pelos menos dois componentes: "i) um conjunto de crenças acerca de que tipos de entidades e processos constituem o domínio da investigação"; e "ii) um conjunto de normas epistêmicas e metodológicas acerca de como tem que investigar-se esse domínio, como hão de submeter-se a prova as teorias, recolher os dados etc." (*op. cit.*, p. 18).

As tradições de pesquisa, dessa forma, não são explicativas, nem preditivas, nem diretamente corroboradas (*op. cit.*, p. 117). E apenas se considera terem êxito quando, por meio de seus componentes teóricos, conduzem à solução adequada de um âmbito de problemas. Nesse sentido, podemos compreender a atividade policial, com seus objetos e métodos, como tradições de pesquisa, que dispõem de formas de solução de problemas realizadas, que tendem a continuar assim desenvolvendo, ou avançar para formas melhores.

Para entendermos um pouco melhor o conceito de tradição, pensemos na atividade de investigação criminal para compreender que cada instituição estatal (polícia federal e polícias civis) responsável pela atividade desenvolve na prática de suas atribuições um conjunto de pressupostos acerca do crime (objeto) e das técnicas (método) de investigação, recorrendo a certo número de teorias específicas (científicas ou não). Nesse sentido, assim se podem considerar a teoria analítico-jurídica do crime, a teoria jurídica das provas criminais e a teoria dos direitos fundamentais aplicada na investigação, como conjunto de teorias específicas. Mas também podemos considerar, por exemplo, esboços rudimentares de teorias criminológicas que se encontram subjacentes à atividade policial de investigação criminal, com base nas quais se especula sobre o funcionamento de uma organização criminosa que pode ou não corresponder à realidade, mas que em todo caso tem uma função heurística instrumental pelo menos. Em síntese, é a partir dessas tradições de pesquisa representativas das formas como já se resolvem os problemas policiais que podemos avançar na ciência como solução de problemas de forma fundamentada. Podemos aperfeiçoá-las, mas não as devemos ignorar. O saber empírico policial constitui a primeira etapa de uma ciência policial. Mas é preciso algo mais para além do empirismo, se não queremos ficar a meio do caminho necessário para a construção das ciências policiais.

# 11. A Construção do Problema Policial[79]

> *"A chamada disciplina científica não é mais do que um conglomerado, delimitado e construído, de problemas e de tentativas de solução. O que existe de fato são os problemas e as tradições científicas"*
> (Karl Popper)

## 1. A Ciência Policial como Solução de Problemas

*A ciência policial, em suma, se pode definir como o conjunto de conhecimentos que se orienta a resolver problemas policiais.* Esse é um conceito que reafirmamos para entender o problema policial como uma questão de construção teórico-científica. Essa concepção científica se pode encontrar tanto em John Dewey quanto em Karl Popper, mas é certamente em Larry Laudan que ela encontra sua formulação mais elaborada.

John Dewey (1950, pp. 122-127), privilegiando mais o caminho para construção do conhecimento que o seu resultado final, já havia definido a pesquisa em função dos problemas a serem resolvidos. Na descrição do que considera um padrão de investigação, ele conferia especial importância à situação indeterminada que antecedia a pesquisa, a exigir o estabelecimento de um problema. É o modo como se concebe o problema que

---

[79] Este capítulo foi originariamente apresentado em 2014, no *II Seminário Internacional de Ciências Policiais e Política Criminal* (Lisboa, Portugal), tendo por objetivo desenvolver melhor a concepção de ciências policiais como solução de problemas que adotamos teoricamente nessa introdução, vindo aqui reafirmado como a orientação teórica que entendemos ser necessária à reconstrução das ciências policiais, em diálogo com a dimensão política da atividade policial, o que constitui uma síntese de nossa hipótese originária de compreensão da polícia entre ciência e política. Será necessário ao leitor, a esse respeito, ter em conta o primeiro capítulo no qual tratamos do valor dos direitos humanos na orientação prática da ação policial pautada na proporcionalidade.

decide sobre que hipóteses de solução se aceitam ou se rejeitam, os dados que se selecionam ou se abandonam. Em sua concepção lógica, que não admitia formas *a priori* de pensamento e de solução de problemas, Dewey já observava que a determinação de um problema é coisa progressiva e a solução adequada é sugerida pelas condições de fato asseguradas pela observação.

Karl Popper (2004, p. 16ss), também, define a ciência como "conglomerado, delimitado e construído, de problemas e tentativas de solução". Nessa sua concepção, Popper pretendia sobretudo evidenciar as similaridades entre ciências naturais e ciências sociais, nas quais pensamos se possa incluir a ciência policial. Em suma, para Popper, o método das ciências é único. Em sua sexta tese sobre a lógica das ciências sociais, ele considera que: "a) o método das ciências sociais, como aquele das ciências naturais, consiste em experimentar possíveis soluções para certos problemas; os problemas com os quais iniciam-se nossas investigações e aqueles que surgem durante a investigação. As soluções são propostas e criticadas. Se uma solução proposta não está aberta a uma crítica pertinente, então é excluída como não científica, embora, talvez, apenas temporariamente. (...) f) A assim chamada objetividade da ciência repousa na objetividade do método crítico. Isto significa, acima de tudo, que nenhuma teoria está isenta do ataque da crítica; e, mais ainda, que o instrumento principal da crítica lógica, a contradição lógica, é objetivo". É com base nessa concepção que Popper conclui: o que existe de fato são os problemas e as tradições científicas. É, contudo, Laudan quem vai tratar melhor da ciência como solução de problemas e das tradições de pesquisa.

Larry Laudan (1986, p. 39; p. 113) sustenta que "a ciência é, em essência, uma atividade de resolução de problemas", embora admita que ela tenha uma variedade de outros objetivos. O importante de sua concepção, contudo, está em considerar as soluções dos problemas como tradições de pesquisas. Em sua formulação, uma tradição de pesquisa é um conjunto de componentes ontológicos e metodológicos, que dizem respeito ao "que" e ao "como" se investiga. Nesses termos, a ciência policial se pode definir de forma mais detalhada como atividade de solução de problemas que se propõem por tradições de pesquisa. Entende-se, assim, por que razão a ciência policial não pode permanecer no paradigma justiano do século XVIII, cuja tradição de pesquisa estava orientada por ontologia e metodologia típicas de um Estado de Polícia (Justi, 1784).

A questão está, portanto, em saber sob que condições um problema policial se pode considerar cientificamente resolvido.

Laudan nos fornece uma primeira hipótese teórica para essa questão. A sua tese fundamental se sustenta na ideia de que a racionalidade científica de uma teoria está na sua efetividade em resolver problemas de forma cada vez mais progressiva. Ele admite que há fatores importantes não empíricos e até mesmo não científicos que se devem admitir para avaliar uma teoria de qualquer ciência. Até aqui, não parece haver algo que nos impeça de pensar a ciência policial nesses termos. O problema é que o conceito de progresso possui conotações múltiplas, como o admite mesmo Laudan (1986, p. 32ss), mas ele postula que o progresso em ciência deve estar vinculado a valores puramente cognitivos, não necessariamente materiais ou espirituais. E é aqui que tendemos a dissentir dele, pelo menos no campo dos problemas policiais, pois dificilmente podemos pensar a ciência policial sem postular um progresso espiritual que se encontra na base de princípios de um Estado constitucional de direito.

Nossa hipótese fundamental, portanto, é que a ciência policial não se pode avaliar com base apenas em uma racionalidade teórica, pois se exige dela igualmente uma racionalidade prática, que concerne aos atos policiais, à forma como as instituições policiais buscam a solução de seus problemas. Há, em suma, que se ter em conta não apenas valores epistêmicos, mas sobretudo outros valores não-epistêmicos. A ciência policial progride à medida em que resolve problemas de forma correta, em que "correto" quer dizer em atenção ao valor de justiça. Nesse sentido, quando falamos em racionalidade prática, queremos dizer uma racionalidade não apenas epistêmica, mas sobretudo ético-política.

## 2. O Problema Policial como Construção Científica

O ponto de partida de toda ciência é sempre um problema, mas esse problema não é um dado em bruto que se colhe da realidade social; ele é construído a partir de uma observação orientada cientificamente. A observação que está na base empírica da ciência, portanto, não cria o problema. O problema só nasce quando conflita com certas expectativas nossas (Popper, 2004, p. 15). O problema policial é construído a partir da observação de que certas expectativas nossas foram frustradas. Há, portanto, nesse sentido, uma especificidade do problema policial para o qual nenhuma outra ciência oferece solução satisfatória.

Sedas Nunes (2005, p. 25) já havia observado que existe uma multiplicidade de ciências sociais que se ocupam de uma mesma realidade social, mas que se distinguem pela forma diferente de abordar aquela realidade. Nesse sentido, precisamos entender que a ciência policial se distingue pelos seus fins e problemas específicos:

a) Os fins da ciência policial não se confundem com os fins da sociologia geral, embora se possa considerar a ciência policial como uma ciência sociológica especial orientada a resolver problemas especificamente policiais que surgem na sociedade.

b) Os problemas policiais não se confundem, portanto, com o problema sociológico geral, embora tenham relações com problemas sociais, econômicos, educacionais etc. A especificidade do problema policial está em que as instituições com ele envolvidas não pretendem resolver problemas anteriores que podem ou não ser causa dele. Isso exigiria uma ação estatal holística que poderia reviver um Estado Policial orientado à gestão das individualidades em função da coletividade.

O problema policial se pode entender, assim, com base na "teoria das tarefas restantes". Segundo essa teoria, compete à polícia resolver aqueles problemas para os quais nenhuma outra instituição social (família, escola, igreja etc.) conseguiu estabelecer limites à liberdade do indivíduo de forma a impedir que cometa crimes, considerados como ações individuais danosas a uma vida segura em sociedade (Garrido et al, 2001, p. 852ss)[80]. O problema policial, nesses termos, se pode definir como um problema de limitação da liberdade. E como Popper já havia observado, "os limites impostos a qualquer liberdade são sempre problemáticos e uma questão de experiência". Por isso, prossegue ele, "a liberdade apenas deve ser restringida quando existirem razões de força maior que justifiquem a necessidade dessa restrição" (Popper, 199, p. 138).

---

[80] Nesse sentido: "...cuando fracasan estas redes sociales, los problema terminan en el cesto grande situado abajo: la policía. Cuanto peor funcionan las redes sociales, más problemas le caen encima a la policía".

Esse é um princípio que se encontra no art. 4º da Declaração de Direitos do Homem e do Cidadão de 1789[81]. Combinado com o art. 12[82], esse princípio marca o que podemos chamar de "revolução copernicana" das ciências policiais, pois ele rompe com o paradigma justiano do século XVIII. Mas é esse paradigma moderno que tem sido posto em causa pela emergência de novas formas de pensar a ciência policial nas sociedades complexas globalizadas. Existe como que uma tentativa de retorno ao antigo paradigma, sob a ideia da necessidade de solução sistêmica dos problemas policiais. O que vivemos hoje, em ciências policiais, é o que Thomas Kuhn (2009) chamaria de nova crise da ciência normal.

A concepção que sustentamos para a ciência policial como atividade orientada a problemas tipicamente policiais não implica, contudo, ignorar o paradigma sistêmico da ciência contemporânea de que nos fala Fritjof Capra (2006). Não se pode hoje ignorar que a complexidade da vida globalizada nas sociedades do risco exige soluções sistêmicas sem as quais dificilmente haverá solução efetiva. Nesse sentido, é impossível querer sustentar as ciências policiais como um sistema autopoiético que se basta com sua própria retroalimentação. As ciências policiais precisam compreender-se como subsistema que se insere em um macrossistema. O problema está em definir-se que sistema é esse. E se se quer conferir à ciência policial a natureza de ciência, não se pode pensá-la como mera técnica de eficiência tecnológica para uma vida material progressiva. É preciso pensar a ciência policial no quadro amplo das ciências criminais, nas quais se enfatize o papel de uma política criminal orientada à realização da justiça.

O problema policial, nesses termos, não se pode compreender apenas como problemas empíricos. Como bem observou Larry Laudan, os problemas científicos são também problemas conceituais. E problemas

---

[81] "A liberdade consiste em poder fazer tudo que não prejudique o próximo. Assim, o exercício dos direitos naturais de cada homem não tem por limites senão aqueles que asseguram aos outros membros da sociedade o gozo dos mesmos direitos. Estes limites apenas podem ser determinados pela lei". O art. 29, II, da Declaração Universal dos Direitos do Homem de 1948, vai reafirmar essa ideia nos seguintes termos: "No exercício de seus direitos e liberdades, todo o homem estará sujeito apenas às limitações determinadas pela lei, exclusivamente com o fim de assegurar o devido reconhecimento e respeito dos direitos e liberdades de outrem e de satisfazer as justas exigências da mora, da ordem pública e do bem-estar de uma sociedade democrática".
[82] "A garantia dos direitos do homem e do cidadão necessita de uma força pública. Esta força é, pois, instituída para fruição por todos, e não para utilidade particular daqueles a quem é confiada".

conceituais são problemas de segunda ordem, relacionados a teorias científicas, metodológicas ou cosmológicas. Se isso é verdade para a ciência em geral, com maior razão é para a ciência policial. Vale, portanto, a advertência de Laudan de que "o reconhecimento e a resolução dos problemas conceituais tem sido um dos processos mais frutíferos na história das ciências naturais e sociais" (1986, p.77, p. 88). É nesse sentido que podemos entender a solução do problema policial considerada tridimensionalmente, de que tratamos na seção seguinte.

## 3. A Solução do Problema Considerada Tridimensionalmente

A relação entre fato e valor sempre foi e permanece problemática na história da epistemologia. E a concepção do problema policial está intimamente relacionada a como a entendemos. Duas concepções fundamentais podem ser referidas – a de Hume e a de Putnam. É, contudo, na concepção de Miguel Reale que podemos encontrar a melhor base para as ciências policiais.

A concepção dicotômica clássica entre fato e valor é geralmente atribuída a David Hume, segundo o qual não podemos inferir de um fato um valor. Hilary Putnam postula uma interpretação diversa sobre a concepção de Hume, para considerar que ele apenas queria afirmar que não existe questão de fato acerca do que é correto. Além disso, para Putnam, Hume tinha uma noção demasiado estreita de fato, como algo que corresponde à impressão dos sentidos. Com isso, Putnam pretende chegar ao que chama de imbricação fato-valor. Mas não devemos – adverte ele – negar que existem diferenças entre fato e valor; o que devemos entender é que os valores epistêmicos também são valores.

Com essa concepção, Putnam pretende sustentar que "não é incompatível reconhecer que nossos juízos reivindicam validade objetiva e que eles são formados em uma cultura particular e em uma situação problemática particular. E isso é verdade tanto para as questões científicas quanto para as questões éticas" (Putnam, 2008, pp. 47-67)[83]. Essa concepção nos per-

---

[83] "A solução não é abandonar a própria possibilidade de discussão racional nem buscar um ponto arquimediano, uma "concepção absoluta", fora de todos os contextos e situações problemáticas, mas – como Dewey ensinou por toda a sua longa vida – investigar, discutir e tentar coisas cooperativa, democrática e, acima de tudo, *falibilisticamente*".

mite entender a solução do problema policial considerada segundo a teoria tridimensional realeana.

Miguel Reale (1994) nos havia feito observar que o direito é "uma integração normativa de fatos segundo valores". Essa teoria tridimensional proposta originariamente no âmbito do direito viria depois a expandir-se para o mundo mais amplo da experiência humana inserida no âmbito da cultura. Em sua meditação filosófica mais geral, Reale sustenta que em qualquer domínio de saber, no qual existe uma base de experiência, tanto em relação ao "ser", quanto ao "dever-ser", está presente um ato valorativo condicionante da captação da realidade (Reale, 1977, p. 172). E, diríamos mais, da própria solução do problema que se propõe.

A emergência de uma norma, portanto, seja científica ou jurídica, é o resultado sempre de uma "dialética de complementariedade" entre fatos e valores (Reale, 1977, p. 165). Nesse sentido é que podemos compreender o direito, em seus princípios mais fundamentais, como a antecipação da solução dos problemas, ainda que de uma forma ampla ou apenas referida aos valores que precisam ser levados em conta. A instituição normativa dos parâmetros de ação da polícia são como que uma antecipação de valores, que se podem entender como critérios de avaliação das soluções apresentadas. E ainda que possamos dissentir sobre como realizar esses valores, uma vez que sejam levados em conta, teremos sempre critérios para a discussão crítica que se exige de uma ciência.

Assim, entende-se porque os princípios fundamentais de um Estado constitucional de direito precisam ser levados em conta na construção das ciências policiais, tanto para a concepção de seus problemas quanto para as hipóteses de solução conjecturadas. Na verdade, seria difícil estabelecer quando um problema policial é solucionado sem base em quaisquer valores não-epistêmicos, no âmbito das ciências policiais. Tornar-se-ia impossível até mesmo dizer sob que condições uma solução a problemas policiais se considera eficiente. Afinal, até as polícias mais violentas se podem considerar eficientes no uso da força, se o problema for encarado como uma questão de desordem e a solução uma pura necessidade de restabelecimento da ordem. No entanto, há algo mais que se exige dessas polícias e não podemos arbitrar sobre outras soluções sem recorrer a uma instância valorativa não-epistêmica.

É nesse contexto que os princípios de um Estado constitucional de direito se apresentam como parâmetros mínimos de solução do problema policial ainda quando considerado cientificamente. Entre esses princípios, dois são fundamentais e complementares: a divisão dos poderes e os direitos fundamentais (Zippelius, 1977, p. 383ss). Mas a divisão dos poderes precisa ser compreendida mais amplamente segundo o movimento constitucionalista que se pode sintetizar segundo o princípio do poder limitado (Matteucci, 2012, p. 201ss). É fundamentalmente desses dois princípios, projetados no âmbito de atividade policial, considerada como um específico exercício do poder estatal sobre atos dos cidadãos, que podemos extrair princípios metodológicos de uma ciência policial orientada político-criminalmente à realização da justiça.

## 4. Princípios Metodológicos de Ciência Policial

Quando falamos em separação de poderes, precisamos entendê-la como técnica funcional de limitação do poder, assim como é a técnica federativa de distribuição geográfica do poder.

Nesse sentido, precisamos entender que onde exista poder concentrado existe sempre a possibilidade de seu exercício abusivo, porque a divisão limita a potencialidade do poder. Mas o poder não está apenas nos clássicos poderes executivo, legislativo e judiciário. Há uma verdadeira "microfísica do poder", que se encontra em setores pouco visíveis, mesmo fora e por baixo do Estado (Foucault, 1979). A polícia é certamente um micro poder do Estado, mas embora micro é o que mais concretamente se sente pela sociedade (Monjardet, 2003, p. 207ss). E a sociedade o sente especialmente no âmbito de seus direitos fundamentais. É admissível, de fato, dizer que, se o Estado se pode definir como o âmbito do monopólio legítimo da força (Weber, 2008), a polícia é precisamente aquela instituição que faz valer essa definição.

A teoria dos direitos fundamentais, por sua vez, para além de uma abordagem geral que costuma se encontrar na doutrina jurídica (Dimolius; Martins, 2007), precisa admitir a necessidade de teorias particulares para abordar âmbitos problemáticos de limitação de direitos (Pereira, 2001)[84].

---

[84] Nesse sentido, cf. o primeiro capítulo, no qual desenvolvemos as relações entre polícia e direitos humanos, na discussão sobre critérios racionais de ação policial com base no princípio da proporcionalidade.

Entre essas teorias, encontra grande relevo uma teoria particular dos direitos fundamentais em contato com a atividade policial. Nesse sentido, devemos entender a relevância do direito policial para as ciências policiais[85]. Uma teoria do direito policial tem o condão de estabelecer parâmetros mínimos de avaliação de uma ciência policial. E são esses parâmetros que nos permitem estabelecer princípios próprios de uma metodologia da ciência policial.

A hipótese que gostaríamos de lançar, em conclusão, retomando aqui o que postulamos desde a introdução, é que um problema policial se considera (cada vez melhor e progressivamente) resolvido quando atende a dois princípios:

1. Em primeiro lugar, deve a ciência policial buscar soluções que alcancem *a maior redução possível do uso da força física policial*. Esse princípio está em conformidade com a noção de limitação do poder. Ele pretende conferir às ações policiais uma legitimação cada vez maior, à medida em que a polícia se esforça por estabelecer soluções cada vez mais democráticas e não violentas para resolver os seus problemas típicos. A esse princípio gostaríamos de chamar de *princípio da redução do uso da força física*.
2. Em segundo lugar, como complemento heurístico do primeiro princípio, deve a ciência policial buscar soluções que impliquem *a menor redução possível do âmbito de proteção dos direitos fundamentais*. Considerando que toda ação policial se desenvolve como restrição a um direito, é forçoso entender que a polícia deve se empenhar em alcançar seus objetivos por meios que impliquem a menor restrição necessária a qualquer direito. A esse princípio gostaríamos de chamar de *princípio do aumento do âmbito de proteção de um direito fundamental*.

Os dois princípios metodológicos, em conjunto, permitem que a ciência policial se entenda como condição de realização efetiva do Estado constitucional de direito, nas sociedades democráticas que queremos para o futuro em busca de um mundo melhor. Pode-se objetar que para uma ciência, há proeminência demais do direito. Mas essa proeminência se explica porque,

---

[85] E por todos, cite-se a *Teoria geral do direito policial*, de Manuel Monteiro Guedes Valente.

como adverte Paul Ricoeur (2008) e com ele queremos concluir, "o justo arregimenta de alguma maneira o verdadeiro em sua circunscrição".

## 12. Conclusão: Ética e Valores Não-Epistêmicos

> *"Aqueles que pensam que a ciência é neutra do ponto de vista ético confundem as descobertas da ciência, que o são, com a atividade da ciência, que o não é"*
>
> (J. Bronowski, *Ciências e valores humanos*)

As Ciências Policiais, como já se ressaltou nos capítulos iniciais, estão por construírem-se, sobretudo no âmbito de uma ciência social teórica, embora muito já se faça em termos de aplicação das ciências naturais e sociais existentes, e não se possa descartar a possibilidade de desenvolvimento de ciência natural teórica, no âmbito da atividade pericial, por exemplo. Mas, como fizemos observar, o campo mais propício ao desenvolvimento das ciências policiais é o da ciência social teórica, na qual devem emergir hipóteses teóricas em condições de aplicação aos problemas policiais, como proposta de melhor solução. Contudo, reafirmemos de maneira expressa: essa possível ciência social teórica da investigação ainda não existe (não pelo menos de forma sistemática), embora tenhamos a convicção de sua possibilidade. O importante, portanto, é saber que precisamos construí-la a partir das práticas policiais existentes.

A ideia de "construção das ciências" encontra-se em Gérard Fourez (1995), cuja obra "mostra de que modo o esforço científico é permanentemente relacionado com um projeto humano", no qual se devem articular ciência e ética. Ao falar de construção da ciência, Fourez (*op. cit.*, p. 145ss) enfatiza o *processo científico*, que ele compara com um jogo de "história em quadrinhos sem legendas". Essa é uma concepção interessante, em boa parte concordante com a concepção de Popper (como veremos), mas aqui o que nos interessa, nessa construção, é a relação entre ciência e ética enfatizada por Gerard Fourez.

O conjunto de conhecimentos que compõem as ciências policiais, em boa parte, encontra-se em um estágio anterior ao que efetivamente se pode considerar hoje uma ciência. Voltaremos a essa questão, ao final, mas é preciso que se entenda isso em definitivo. Ao falarmos em "construção de ciências", enfatizamos exatamente essa necessidade de reunirem-se as condições que tornam as ciências policiais possíveis. E dessa forma, devemos reconhecer que a expressão "ciências policiais" somente se admite quando tomamos o termo ciência em um sentido muito amplo, como "conhecimento que inclua, em qualquer forma ou medida, uma garantia da sua própria validade" (Abbagnano, 2007, p. 156).

Além disso, devemos ter em conta que, devido à diversidade de atividades policiais, cada setor tende a se desenvolver em ritmo diverso e com base em fundamentos às vezes discordantes. Na investigação criminal, por exemplo, além de um paradigma científico, podemos encontrar um paradigma jurídico e político. Podemos, por isso, chegar ao ponto em que cada conjunto de conhecimentos constitua-se em uma ciência policial como unidade que se comunique com outras ciências policiais. No entanto, algo sempre haverá que torne possível a comunicação entre os vários conhecimentos, em virtude de o problema policial comum constituir o centro de atenção. É claro que a Polícia administrativa e a Polícia judiciária não partilham exatamente as mesmas questões, mas ambas se colocam em contato naqueles pontos em que seus problemas se comunicam.

Na Polícia Judiciária, especificamente, é possível vislumbrar setores que se dedicam às atividades de inteligência policial e de perícia criminal como centros de concentração de uma particular metodologia e recurso a técnicas que lhe são próprias e por isso tendem a desenvolver-se de forma independente. Ao final, é perfeitamente plausível que alguns setores alcancem um maior desenvolvimento científico, embora devam sempre comunicar-se em favor de problemas unitários, como são os da investigação criminal – especificação do crime e identificação de seu autor. Por isso, devemos sempre falar em "Ciências Policiais" (embora possamos fazer uma concessão ao uso "Ciência policial" com representativo de um conjunto coeso de conhecimentos convergentes para algum ponto comum), porque é possível que setores diversos da atividade policial tomem o caminho da ciência social ou natural, teórica ou aplicada. Na Escola Superior de Polícia, por exemplo, sem descartar nenhum desses possíveis caminhos, tem-se enfatizado a ciência social teórica, no seio da qual se acredita ser possível emergir a Ciência Policial com autonomia e princípios próprios.

Em todo caso, na construção das Ciências Policiais, dever-se-á ter sempre em mente que o conhecimento não tem compromisso apenas com valores epistêmicos, como é a verdade. Essa é, aliás, uma aquisição da filosofia da ciência contemporânea que já não ignora outros valores além da verdade. Como bem observa Javier Encheverría (2003, p. 311ss), em suas conclusões sobre a Metodologia da Ciência, "a atividade científica é profundamente influenciada por uma pluralidade de valores (epistêmicos e não-epistêmicos) que são satisfeitos em maior ou menor grau pelas teorias, a experimentação e os resultados e propostas científicas". E entre esses referidos valores não-epistêmicos, os éticos e políticos são essencialmente relevantes às Ciências Policiais. Isso nos coloca exatamente em condições de abordar o ponto seguinte.

## 1. Realismo ou Instrumentalismo? A Racionalidade das Ciências Policiais

Ao falarmos de ciências policiais não devemos esquecer que há várias concepções teóricas da ciência, tanto históricas (como vimos na Parte I), quanto atuais. Luiz H. de A. Dutra (2009) apresenta-nos quatro conjuntos de teorias da ciência que se discutem atualmente. Em cada uma das quatro concepções, enfatiza-se um aspecto da ciência que se considera relevante na sua especificidade, a partir das noções de *confirmação, progresso, explicação ou aceitação*. A perspectiva das teorias da aceitação é um caminho condizente com a natureza das ciências policiais, pois essa concepção discute "em que condições se aceita uma teoria científica", levando em conta, exatamente como vimos na seção anterior, fatores epistêmicos e não epistêmicos. Consideram-se, assim, o poder explicativo relativamente a determinados fenômenos e o grau de elaboração teórica, mas não se descartam os "fatores de ordem não-cognitiva" dependentes do paradigma (não apenas científico, mas também político e jurídico) que se compartilha pela comunidade científica. No caso das ciências policiais, portanto, pensemos na garantia dos direitos fundamentais, por exemplo, com paradigma que se impõe ao programa de pesquisa, como elemento de heurística negativa.

Em suma, nessa perspectiva teórica das ciências (teorias da aceitação), "há muito envolvido na aceitação de uma teoria científica que apenas as crenças que os cientistas pensam ter em sua verdade (aproximada)" (*op. cit.*, p. 132). Ademais, dentro dessa concepção podemos encontrar uma oposição fundamental, entre os que consideram as teorias como "relato aproximadamente verdadeiro de como o mundo é" (*realistas*) e os que as consideram apenas como "bons instrumentos de predição, que podem funcionar bem empiricamente, mesmo não se aproximando da verdade" (antirrealistas, ou podemos dizer também *instrumentalistas*). Não nos vamos aprofundar nessa disputa, mas ficam as perspectivas abertas para as ciências policiais: como se deve considerar as especulações teóricas sobre os problemas policiais, ao apresentarem-se teorias sobre fatos? Devem-se considerar relatos verdadeiros da realidade ou apenas instrumentos heurísticos? Não pretendemos responder a este questionamento, mas acreditamos que a concepção de Karl Popper, a respeito das ciências sociais, pode nos fornecer uma melhor compreensão do problema. É com ela que entendemos devam as ciências policiais trabalhar, pois permite evidenciar a racionalidade desse conhecimento.

Karl Popper (2007, p. 99ss), referindo-se às ciências sociais, admite e sustenta que, embora não possamos falar de leis de evolução da sociedade que predizem o futuro, podemos falar de *tendências*, pois não se pode contestar a sua existência na análise estatística. Contudo, "tendências não são leis". Uma tendência permanece sendo um enunciado existencial, não universal; apenas afirma "a existência de uma tendência num determinado momento e local" (*op. cit.*, p. 108). É o que podemos dizer a respeito de certos problemas policiais, que se observam em dados locais e momentos, quando queiramos formulá-los teoricamente. Podemos dizer que temos "tendências tais", mas não podemos basear previsões científicas em tendências. No entanto, "se tivermos motivos para pressupor a persistência das condições iniciais pertinentes", podemos pressupor que estas tendências servem de base para previsões (*op. cit.*, p. 118). Ou seja, não podemos considerá-las tendências absolutas (quase-leis), mas apenas relativas, condicionais, porque dependentes de condições. Por isso, incumbe-nos a difícil tarefa de "determinar tão precisamente quanto possível as condições em que se verificam". A questão é que também essas condições podem ser tendências (*op. cit.*, p. 119).

Em uma investigação criminal, por exemplo, é o caso das condições que concernem ao autor de certa forma de cometer crime, que será sempre uma condição insuperável, e ao final não poderemos nunca substituir provas da autoria por enunciados tendenciais a respeito da autoria – ou seja, não podemos ter presunções científicas, nem legais que se pretendem cientificamente fundadas, como prova da autoria de crimes. Em termos mais diretos, não pode ser *prova suficiente* de autoria de determinado crime, cometido por certas formas que já se repetiram em outras situações, os fatos anteriores praticados pelo autor a quem se imputaram os crimes prévios, se não houver nenhuma outra prova que o ligue ao crime particular atual. No entanto, se temos motivos para pressupor a persistência das condições, não podemos ignorar as tendências, o que é muito mais possível se encontrar nos casos de criminalidade continuada e organizada, não tanto pela persistência do cometimento dos crimes, mas pela possibilidade de encontrar mais provas que reafirmam as condições relativas aos autores do crime. Nesse ponto, parece-nos que as tendências, como formas rudimentares de generalização, são menos relatos aproximadamente verdadeiros que bons instrumentos heurísticos, embora possam ter alguma dose de verdade. Mas não vamos extrapolar essa afirmação para além do âmbito da investigação criminal. O que nos interessa é esboçar uma compreensão dos pressupostos de uma possível ciência policial, sobretudo considerando que é com base nestes que Popper sustenta a tese da unidade metodológica de todas as ciências teóricas ou generalizadoras (naturais e sociais), e a defende em *A Lógica das Ciências Sociais*, cujas teses essenciais resumimos no parágrafo que se segue.

Karl Popper (1992, p. 71ss) observa que existe um equívoco dos cientistas sociais no entendimento de como funcionam as ciências naturais, com a qual se assemelham no essencial. Assim, sustenta que, "à semelhança de todas as outras ciências, também as ciências sociais são bem ou mal sucedidas, interessantes ou insípidas, fecundas ou estéreis, em estrita relação com a importância ou o interesse dos problemas em causa" (quinta tese). Nessa sua concepção, *o problema é sempre o ponto de partida*, não a observação, salvo quando esta detecta um problema. A partir desses pressupostos, Popper (*op. cit.*, p. 73) sustenta sua tese principal (sexta tese), a respeito da lógica das ciências sociais, que nos revela sua racionalidade nos seguintes termos, com os quais traçamos algumas pontes com a ciência policial:

a) O método das ciências sociais consiste em experimentar tentativas de solução de problemas de que parte, que devem ser objeto de crítica e posta de lado se não resistir. Imaginem-se casos de problemas policiais para os quais as atividades cotidianas (na base das quais se devem subentender algumas hipóteses teóricas ainda que rudimentares) se podem considerar tentativas de solução, que podem ser criticadas. Limitando-nos a um caso de polícia judiciária, pensemos em uma forma de investigar determinado crime ambiental, por exemplo.

b) Se resistir à crítica, a tentativa deve ser submetida à refutação. Nesse caso, devemos proceder à crítica da forma atual de investigação do crime ambiental, sob exemplo, apresentando uma refutação, a partir de elementos verificáveis no âmbito do problema e sua solução proposta, com o que podemos concluir pela refutação ou não.

c) Se refutada, faz-se nova tentativa de solução do problema. Em nosso exemplo, por não atender às expectativas de solução esperadas, uma vez refutada com base nos critérios sugeridos, novas propostas de solução ao problema policial devem surgir.

d) Se resiste à refutação, aceita-se a solução a título provisório. Nesse caso, chagamos a uma hipótese teórica que se mantém como possível solução ao problema, até que se encontre melhor proposta. Em boa parte, as soluções cotidianas aos problemas policiais encontram-se nessa posição, em que hipóteses teóricas (ainda que implícitas e rudimentares) sustentam a forma como os problemas são enfrentados. Mas havendo quem se proponha a rever essas soluções, criticando-as ou submetendo-as a refutações, o ciclo pode repetir-se sempre à procura de melhores soluções, e assim desenvolver-se efetivamente uma ciência policial, nesse caso no campo da investigação criminal.

Dessa forma, considera Popper que o método da ciência é um aperfeiçoamento crítico do "método de ensaio e erro"; em outros termos, "o método da ciência é, pois, o da tentativa de solução experimental (ou ideia) sujeita ao controle rigoroso da crítica". Em sua concepção, portanto, a objetividade da ciência está na objetividade desse método crítico. Nesses termos, o que se chama uma disciplina científica, na concepção de Popper (1992, p. 75), "não é mais do que um conglomerado, delimitado e construído, de problemas e de tentativas de solução" (nona tese). Sendo assim, não podemos ter dúvida sobre a possibilidade das ciências policiais.

Ainda quanto ao método, Popper (1992, p. 85ss) sustenta que as ciências sociais se podem desenvolver pelo método compreensivo-objetivo, ou como prefere chamar pela *lógica da situação*, que "consiste em analisar a situação do indivíduo atuante no sentido de explicar a ação a partir da situação sem recursos a outros meios psicológicos". Esse método elimina fatores psicológicos dos indivíduos em pesquisa (investigação) e os substitui por elementos situacionais objetivos. Claro é que, embora racionais e teóricos, as explicações assim produzidas, por serem simplificações, podem ser falsas, mas podem encerrar "grande dose de verdade" e constituir "boas aproximações à verdade". Aqui é que se encontra a relação entre instrumentalismo e realismo, em que uma concepção não implica a exclusão da outra.

Na investigação criminal, por exemplo, como atividade de ciência policial, essa concepção implicaria reduzir as formas de cometimento dos crimes (criminologia) a elementos situacionais que interessam ao tipo legal (direito penal), para expressá-las na forma de tendências (consideradas como possíveis hipóteses teóricas de uma ciência policial) que podem ou não corresponder à realidade investigada, mas em todo caso teriam um valor heurístico fundamental (instrumental, portanto) e teriam sempre, em parte, alguma parcela de verdade possivelmente verificável (realista em parte). Uma ciência da investigação criminal, nesse sentido, como ciência policial, pode partir de uma "tipologia historiográfica dos crimes" (o conjunto de relatos das diversas formas de cometimento de crimes no passado, que se encontram registrados), e seguir no aperfeiçoamento de modelos pragmáticos de investigação, até alcançar o status de enunciados de tendências condicionais, úteis às investigações futuras. Eis um esboço, embora rudimentar, de um caminho possivelmente teórico para um setor da ciência policial[86].

---

[86] Essa é uma perspectiva que, com algumas diferenças, se pode encontrar em Dutra, " Pragmática da Investigação: modelos intencionais na investigação policial", in *RBCP, v. 1, n. 1*.

## 2. Que Método? Um Método de Quatro Tempos

Na seção anterior, pudemos observar como a lógica das ciências sociais, segundo a concepção de Karl Popper, permite entender a racionalidade possível das ciências policiais. Essa lógica se deve entender em um conjunto mais amplo de etapas que nos revelam um método característico das ciências, ao qual a Ciência Policial deve atentar. A esse conjunto de etapas, Roland Òmnes (1996) chama "método de quatro tempos". É preciso salientar, contudo, que Òmnes concebe o referido método para julgar, não para construir a ciência, mas isso não parece excluir a nossa interpretação, inserida na ideia de construção das ciências. Esse método pode ser entendido como estágios (ou tempos) da história de uma ciência, que correspondem a degraus de construção – *empirismo, conceptualização, elaboração e verificação*. Nem toda ciência passa por todos os estágios, e por vezes, na prática, alguns parecem estar ausentes, ou atravessados com "demasiada facilidade [ou considerados inadvertidamente como banais] para que a atenção se detenha nelas" (*op. cit.*, p. 277).

O primeiro tempo corresponde à observação dos fatos e passa pelo estabelecimento de um catálogo de dados. Como adverte Òmnes (1996, p. 275ss), "um campo de conhecimento que se encontre apenas nesse estádio de cultura ainda não é realmente uma ciência madura, sujeita a critérios de coerência". Essa é, em grande parte, a situação de vários setores das ciências policiais, em que a atividade se limita a catalogar dados da realidade, em geral voltados exclusivamente à solução prática pontual de um caso particular, sem atinar para as vantagens que podem decorrer de uma análise sistemática dos vários fatos, naquilo que têm em comum e redutível a um conceito-típico. Somente com essa atitude, ausente em boa parte (mas não na totalidade) da atividade policial, a ciência pode emergir do conhecimento empírico. Em boa parte, portanto, as ciências policiais encontram-se nesse estágio primário de conhecimento, que se pode considerar pré-científico. No entanto, não se deve ignorar que é a partir dele necessariamente que emerge a ciência. Não sem razão, portanto, instituições de pesquisa se interessam pelos dados policiais, e com base nestes é que se constroem outras ciências. Como, então, não seria possível construir a própria ciência policial a partir deles? Mas é necessário um segundo estágio, o da conceptualização.

O segundo tempo, da conceptualização, "consiste em elaborar e selecionar conceitos adequados a uma representação do real, em inventar o princípio ou princípios que poderiam regê-la". Não se trata de recorrer aos conceitos legais de tipos penais, no caso da investigação criminal, por exemplo, mas de construir conceitos próprios, que funcionem no interior dos tipos penais, referindo-se a realidades empíricas (não normativas) com que o problema policial trabalha. No caso da investigação criminal, esses conceitos seriam de natureza mais criminológica, referidos a *modos de operar* do crime na forma de conceitos-típicos (que na criminologia ocupa o capítulo da *fenomenologia criminal*), o que não implica desconsiderar os tipos penais, mas operar com tipos criminológicos em instância diversa dos tipos legais. Esse é um estágio que, de forma embora rudimentar, pode-se encontrar em alguns conteúdos didáticos que servem à formação policial, dando conta da fenomenologia do crime referente a certos tipos penais, que emergem da atividade prática policial. O desenvolvimento científico requer, contudo, que essa etapa seja sistematizada e cumprida com consciência teórica da atividade de conceptualização, ao qual se deve seguir a elaboração lógica[87].

O terceiro tempo, da elaboração, está no campo da lógica e "consiste em enumerar todas as consequências possíveis dos princípios, o que pode exigir muito esforço e muita imaginação", sendo geralmente não desenvolvido muito além dos fatos conhecidos. Consistiria em, com base nos dados e conceitos, apresentar enunciações teóricas sobre os problemas policiais e disso extrair consequências lógicas em condições de verificação no campo da atividade policial. Imagine-se, no caso da investigação criminal, enunciados teóricos sobre *modus operandi* de certos e determinados crimes, em certa região do país, que nos permitam extrair logicamente decisões sobre que ações realizar em uma investigação criminal posterior, justificadamente com base nos dados e conceitos anteriormente obtidos.

Por fim, temos o estágio da verificação, em que ideias, princípios e teorias, ainda em estado de hipóteses, devem oferecer-se ao falseamento. Ou seja, ao colocar-se em contato com a realidade, no caso de investigações criminais futuras, por exemplo, hipóteses teóricas se podem confirmar

---

[87] Acerca dessa relação, cf. nosso "Criminologia e Investigação Criminal: abordagem criminológica, tipologias e fenomenologia criminal na investigação" in *Revista Brasileira de Ciências Policiais*, v. 2, n. 1.

ou refutar, permitindo a solução do problema policial, ou sua refutação que exigirá novas conjecturas teóricas, tanto por reconsideração dos fatos, quanto por reformulação conceitual.

## 3. A Questão do Estágio das Ciências Policiais

Com o método referido, podemos imaginar o caminho da construção de uma ciência ou, segundo Òmnes, podemos conhecer se uma ciência está firmemente estabelecida, o que nos permite considerar o estágio de desenvolvimento de uma ciência. Mas a questão do estágio da ciência pode ser abordada sob outras concepções mais conhecidas. Em boa parte, dizer em que estágio se encontra uma ciência depende da periodicização teórica que tomamos por base. Consideremos algumas antes de concluir sobre essa questão.

A ciência policial é, sobretudo, um saber de domínio prático que se desenvolve no âmbito de uma ideologia jurídico-penal. Se considerarmos uma cronologia sugerida por Michel Foucault (2005)[88], trata-se de "saber" que se encontra entre uma fase de *positividade* e sua *epistemologização*, e que aspira pela *cientificidade*, conquanto possa nunca alcançá-la, ou apenas alcançá-la em parte. Foucault fala em *limiares*, que se refere ao ponto em que há a transposição de um estágio a outro, dentro dos quais há o desenvolvimento de cada fase. Adverte, contudo, que não se trata de uma sequência evolutiva e sucessiva. Explicando-se, cita o caso da matemática que em um ato transpôs todos os limiares simultaneamente, o que tem feito dela o exemplo-limite das ciências.

Outras periodizações podem ser encontradas também em Gaston Bachelard (1996), que fala em estágios *concreto, concreto-abstrato e abstrato*, bem como em Thomas Kuhn (2009), que fala de estágios que se sucedem no seguinte sentido:

> *Pré-ciência → ciência normal → crise-revolução → nova ciência normal → nova crise.*

---

[88] Essa cronologia (*positividade → epistemologização → cientificidade → formalização*) se encontra em *A Arqueologia do Saber* (Foucault, 2005). Observe-se que, nessa periodicização, a formalização seria um estágio de que não depende a cientificidade, segundo o autor.

Dessa forma, estabelecer o estágio em que se encontra uma ciência é uma questão de história dessa ciência, em geral ou em algum lugar particular, para a qual uma ou outra periodicização serve como critério metodológico. Embora não tenhamos em mente fazer uma exposição histórica, podemos concluir a esse respeito que, na Escola Superior de Polícia da Polícia Federal do Brasil, as ciências policiais se encontram naquela etapa a que Foucault chama epistemologização e Kuhn, de pré-ciência. Em suma, estão por constituírem-se, como o dissemos desde o início. Mas em sua história geral, considerando as ciências policiais desde Von Justi, poderíamos dizer que elas estão a reconstruírem-se depois de uma crise de longo tempo, mas segundo uma concepção de ciência muito distinta do que àquela época se entendia por ciência.

## 4. E se não for Possível uma Ciência Policial?

Ainda que não seja possível alçar o saber policial a conhecimento científico, a atividade policial deve subsistir e reconhecer-se como uma racionalidade específica, em condições de atender às exigências da sociedade. Afinal, como observa A. Chalmers (1993, p. 210ss) "não precisamos de uma categoria geral 'ciência', em relação à qual alguma área do conhecimento pode ser aclamada como ciência ou difamada como não sendo ciência". Em suma, segundo as conclusões do autor acerca de "o que é ciência, afinal?", cada área do conhecimento, na qual se inclui o saber policial, "pode ser analisada por aquilo que é". Tenhamos sempre em mente essa perspectiva na construção/reconstrução das ciências policiais. Ainda que não cheguemos à categoria "ciência", não devemos abandonar os objetivos de correspondência empírica com a realidade abordada e de coerência teórica nas hipóteses que se sustentam no cotidiano da atividade policial.

E, mais que isso, não devemos abandonar os objetivos de proteção aos direitos humanos e fundamentais como horizonte ético-político da atividade policial.

# ANEXO

ANEXO

ACADEMIA DE POLÍCIA DO D.F.S.P. - CRIAÇÃO

Fica criada nesta data a Academia de Polícia do D.F.S.P., destinada a ministrar instrução de formação aos atuais policiais do D.P.S.P., aos que vierem por qualquer motivo, a ingressar nêste Departamento, bem como a aperfeiçoar, atualizar ou especializar funcionários dêste ou de outros Departamentos Policiais, nos mais variados aspectos da ciência policial. Para isso, a Academia disporá dos Cursos que se fizerem necessários, com a duração variável de algumas horas a vários meses, conforme a finalidade e o graú de urgência a atingir. Poderá tambem, na proporção que elevados meios técnicos de pesquisa criminal lhe forem proporcionados, formar peritos criminais para o trabalho especializado nos laboratórios policiais.

A Academia de Polícia do D.F.S.P. terá ainda, o alto objetivo de manter intercâmbio com as suas congeneres estaduais e mesmo do estrangeiro, para discussão de novos métodos, uma vez que os policiais de todo o mundo estão unidos pelos mesmos laços de interêsses e problemas comuns.

Dentro dêsse desideratum, a Academia de Polícia do D.F.S.P. organizará ou comparecerá a Congressos e Seminários, nacionais e internacionais, visando a padronização do ensino policial, a aquisição de novas técnicas e sobretudo, o estabelecimento de uma unidade de doutrina no combate ao crime.

Deverá possuir: Diretoria, Secretaria, Administração e Setôr de Ensino, que serão definidos em regulamentação imediata.

151

# REFERÊNCIAS

Abbagnano, Nicola. *Dicionário de filosofia*. São Paulo: Martins Fontes, 2007.

Ávila, Humberto. *Teoria dos princípios*. São Paulo, Malheiros, 2006.

Bachelard, Gaston. *A formação do espírito científico*. Rio de Janeiro: Contraponto, 1996.

Bachelard, Gaston. *O novo espírito cientifico*. Lisboa: Edições70, 2008.

Alvarez, Jairo Enrique Suarez. *La ciência de polícia: um estado del arte*. Colômbia: Escuela de Estudios Superiores de Policía, 2009.

Alvarez, Jairo Enrique Suarez. "Avances de la Ciencia de Policía en América Latina". *In* Revista Brasileira de Ciências Policiais, v. 1, n. 1. Brasília: ANP, 2010, p. 21-80.

Baratta, Alessandro. *Criminologia crítica e crítica do direito penal. Introdução à sociologia do direito penal*. Rio de Janeiro: Revan, 2002.

Bachelard, Gaston. *O novo espírito científico*. Coimbra: Edições70, 2008.

Bittner, Egon. *Aspectos do Trabalho Policial*. Coleção Polícia e Sociedade n. 8. São Paulo: Edusp, 2003.

Blackburn, Simon. *Dicionário Oxford de filosofia*. Rio de Janeiro: Zahar, 1997.

Boudon, Raymond. *Tratado de sociologia*. Rio de Janeiro: Zahar, 1995.

Bova, Sérgio. "Polícia". In Bobbio, N. *et al*. *Dicionário de Política*, v. II, Brasília: Editora Unb, 2004.

Bronowksi, J. *Ciência e Valores Humanos*. Belo Horizonte: Itatiaia; São Paulo: EDUSP, 1979.

Capra, F. *A teia da vida. Uma nova compreensão científica dos sistemas vivos*. São Paulo: Cultrix, 2006.

Caetano, Marcelo. *Manual de Direito Administrativo*. Tomo II. Rio de Janeiro: Forense, 1970.

Cárdenas, Fabio Arturo Londoño. *Esbozo de una teoria general de la ciencia de policía*. Bogotá: Escuela de Estudios Superiores de Policía, 2011.

Cathala, Fernand. *Polícia: Mito e Realidade*. São Paulo: Mestre Jou, 1975.

Chalmers, A. F. *O que é ciência, afinal?*. São Paulo: Brasiliense, 1993.

Coster, Michel de. *Introdução à sociologia*. Lisboa: Editorial Estampa, 1998.

Coutinho, Jacinto Nelson de Miranda. "Da Autonomia Funcional e Institucional da Polícia Judiciária", *Revista de Direito de Polícia Judiciária*. Ano 1, N. 1. Brasília, ANP, 2017, pp. 13-23.

Cretella Júnior, José. *Do poder de polícia*. Rio de Janeiro: Forense, 1999.

Dewey, J. *Lógica: Teoria de la investigación*. México/Buenos Aires: Fondo de Cultura Económica, 1950.

Dimoulius, D; Martins, L. *Teoria geral dos direitos fundamentais*. São Paulo: RT, 2007.

Dortier, Jean-François. *Dicionário de Ciências Humanas*. São Paulo: Martins Fontes, 2010.

Dutra, Luiz H. de A. *Pragmática da investigação científica*. São Paulo: Loyola, 2008.

Dutra, Luiz H. de A. *Introdução à teoria da ciência*. Florianópolis: UFSC, 2009.

Dutra, Luiz H. de A. "Pragmática da Investigação: modelos intencionais na investigação policial" In *Revista Brasileira de Ciências Policiais*, v. 1, n. 1. Brasília: ANP, 2010, p. 137-152.

Encheverría, Javier. *Introdução à metodologia da ciência*. Coimbra: Almedina, 2003.

Esteves, A. J. "A investigação-acção" in Silva, A. S.; Pinto, J. M. (orgs.), *Metodologia das ciências sociais*. Lisboa: Afrontamentos, 2009.

Feitoza, Denilson. *Direito Processual Penal – Teoria, Crítica e Práxis*. Niterói (RJ): Impetus, 2008.

Fentanes, Enrique. *Tratado de Ciencia de la Policía. Tomo I: Introduccion. Dogmatica General. Primeira Parte*. Buenos Aires: Editorial Policial, 1972.

Fentanes, Enrique. *Compendio de Ciencia de la Policía*. Buenos Aires: Editorial Policial, 1979.

Ferrajoli, Luigi. *Direito e Razão: Teoria do Garantismo Penal*. São Paulo: RT, 2002.

Ferrajoli, Luigi. *Principia Iuris I. Teoria del Diritto e della Democrazia*. Roma-Bari, Laterza, 2007.

Ferris, Timothy. *Ciência e Liberdade. Democracia, Razão e Leis da Natureza*. Lisboa, Gradiva, 2013.

Foucault, Michel. *Arqueologia do saber*. Coimbra: Almedina, 2005

Foucault, M. *Microfísica do poder*. Rio de Janeiro: Graal, 1979.

Fourez, Gérard. *A construção das ciências: introdução à filosofia e à ética das ciências*. São Paulo: Editora UNESP, 1995.

French, Steven. *Ciência: conceitos-chave em filosofia*. Porto Alegre: Artmed, 2009.

Garrido, Vicente. et al. *Princípios de criminología*. Valencia: Tirant lo Blanch, 2001.

Gomes, Paulo Valente. "A Actividade Policial como Ciência". In *Revista Brasileira de Ciências Policiais*, v. 1, n. 2. Brasília: ANP, 2010, p. 105-125.

Gomes Canotilho, J. J. *Direito Constitucional e Teoria da Constituição*. Coimbra: Almedina, 2002.

Guerreto, Omar. "Von Justi, Juan Enrique, Ciencia del Estado". In *Revista do Instituto de Administración Pública del Estado de México*, n. 32, octubre-deciembre, 1996, p. 163-169.

Hauriou, Maurice. *A teoria da instituição e da fundação. Ensaio de vitalismo social* [traduzido do francês]. Porto Alegre: Safe, 2009.

Justi, Juan Enrique Gottlob von. *Elementos generales de policía* [traducido del idioma francês por Antonio Francisco Puig]. Barcelona, 1784.

Kneller, G. F. *A Ciência como atividade humana*. Rio de Janeiro: Zahar; São Paulo: Editora da Unesp, 1980.

Kuhn, Thomas S. *A estrutura das revoluções científicas*. São Paulo: Perspectiva, 2009.

Lakatos, Imre. *Falsificação e metodologia dos programas de investigação científica*. Lisboa: Edições 70, 1999.

Laudan, Larry. *O progreso y sus problemas. Hacia una teoria del crecimiento científico*. Madrid: Ediciones Encuentros, 1986.

Levi, Lucio. "Governo". In Bobbio, N. et al. *Dicionário de Política*, v.I. Brasília: Editora Unb, 2004.

Mateucci, Nicola. "Costituzionalismo" in BOBBIO et al. *Il Dizionario di Politica*. Torino: UTET, 2012.

Mendes de Almeida, Joaquim Canuto. *Princípios fundamentais do processo penal*. São Paulo; RT, 1973.

Mello, Celso Antonio Bandeira. *Curso de Direito Administrativo*. São Paulo: Malheiros, 2003.

Monet, Jean-Claude. *Polícias e Sociedades na Europa*. São Paulo: Edusp, 2002.

Monjardet, Dominique. *O que Faz a Polícia: Sociologia da Força Pública*. São Paulo: Edusp, 2002.

# REFERÊNCIAS

Òmnes, Roland. *Filosofia da ciência contemporânea*. São Paulo: UNESP, 1996.

Pereira, Eliomar da Silva. *Introdução ao Direito de Polícia Judiciária*. Belo Horizonte, Fórum, 2019.

Pereira, Eliomar da Silva. *Investigação, Verdade e Justiça: A investigação criminal como ciência na lógica do Estado de Direito*. Porto Alegre: Nuria Fabris, 2014.

Pereira, Eliomar da Silva. *Teoria da investigação criminal: uma introdução jurídico-científica*. Coimbra: Almedina, 2011.

Pereira, Eliomar da Silva. "Criminologia e Investigação Criminal: abordagem criminológica, tipologias e fenomenologia criminal na investigação", in *Revista Brasileira de Ciência Policiais*, v. 2, n. 1. Brasília: ANP, 2011, p. 31-50.

Pereira, Eliomar da Sila. "Polícia e direitos humanos: critérios racionais de ação" in Piovesan, Flavia; Garcia, Maria (Org.). *Doutrinas Essenciais: Direito Humanos. Volume V. Instrumentos e garantias de proteção*. São Paulo: RT, 2011, pp. 1185-1213.

Pizarro, Miguel Lleras. *Derecho de policía. Ensayo de una teoria general*. Bogotá: Biblioteca Jurídica Digké, 2009.

Popper, Karl. *A vida é aprendizagem*. Coimbra: Almedina, 1999.

Popper, Karl. *A lógica das ciências sociais*. Rio de Janeiro: Tempo Brasileiro, 2004.

Popper, Karl. *A lógica da pesquisa científica*. São Paulo: Cultrix, 2007.

Popper, Karl. *A pobreza do historicismo*. Lisboa: Esfera do Caos, 2007.

Popper, Karl. *A lógica das ciências sociais. in Em busca de um mundo melhor*. Lisboa: Editorial Fragmentos, 1992.

Putman, Hilary. *O colapso da verdade e outros ensaios*, 2008.

Reale, Miguel. *Teoria tridimensional do direito*. 5. ed. São Paulo: Saraiva, 1994.

Reale, Miguel. *Experiência e cultura*. São Paulo: Edusp, 1977.

Ricoeur, Paul. *O justo 2. Justiça e verdade e outros ensaios*. São Paulo: Martins Fontes, 2008.

Rudner, R. *Filosofia da ciência social*. Rio de Janeiro: Zahar, 1969.

Scheria, Pierangelo. "Cameralismo". In Bobbio, N. et al. *Dicionário de Política*. Brasília: Editora Unb, 2004a, p. 137-141.

Scheria, Pierangelo. "Estado de Polícia". In Bobbio, N. et al. *Dicionário de Política*. Brasília: Editora Unb, 2004b, p. 409-413.

Sedas Nunes, A. *Questões preliminares sobre as Ciências Sociais*. Lisboa: Presença, 2005.

Sousa Santos, Boaventura. *Um discurso sobre as ciências*. Lisboa: Afrontamentos, 2007.

Valente, Manuel M. G. "A cientificidade da atuacção policial como garante dos direitos humanos". *In Revista Brasileira de Ciências Policiais*, v. 1, n. 1. Brasília: ANP, 2010, p. 13-20.

Valente, Manuel M. G. "Ciência Policial: Contributos Reflexivos Epistémicos". *In Revista Brasileira de Ciências Policiais*, v. 1, n. 2. Brasília: ANP, 2010, p. 79-86

Valente, Manuel M. G. *Direito penal do inimigo e terrorismo. O "progresso ao retrocesso"*. Coimbra: Almedina, 2010.

Valente, Manuel M. G. *Teoria geral do direito policial*. Coimbra: Almedina, 2009.

Valente, Manuel. M. G. *Teoria geral do direito policial*. 4. ed. Coimbra: Almedina, 2014.

Valente, Manuel M. G. *Ciências policiais – Ensaios*. Lisboa: EUCP, 2014.

Valente, Manuel M. G. (coord.). *Ciências Policiais e Política Criminal. Justiça e Segurança: um discurso de liberdade democrática*. Lisboa: ISCPSI, 2015.

Weber, Max. *Conceitos sociológicos fundamentais*. Lisboa: Edições70, 2009.

Weber, Max. *Ciência e política: duas vocações*. São Paulo: Martin Claret, 2008.

Zippelius, Reinold. *Teoria geral do Estado*. Lisboa: Fundação Calouste Gulbenkian, 1997.

# Introdução às Ciências Policiais